14일 이면 알파벳을 정확히

바빠 영어 시리즈
뿌듯 친구들이 즐거워지는 빠른 학습법

징검다리 교육연구소 지음
Michael A. Putlack(마이클 A. 푸틀랙) 감수

바쁜

초등학생을 위한

빠른 알파벳 쓰기

이지스에듀

지은이 | **징검다리 교육연구소**

바쁜 친구들을 위한 빠른 학습법을 연구하는 이지스에듀의 공부 연구소이다. 아이들이 기계적으로 공부하지 않도록, 두뇌가 활성화되는 과학적 학습 설계가 적용된 책을 만들기 위해 노력하고 있다.

감수 | Michael A. Putlack (마이클 A. 푸틀랙)

미국의 명문 대학인 Tufts University에서 역사학 석사 학위를 받은 뒤 우리나라의 동양미래대학에서 20년 넘게 한국 학생들을 가르쳤다. 폭넓은 교육 경험을 기반으로 『미국 교과서 읽는 리딩』 같은 어린이 영어 교재를 집필했을 뿐만 아니라 『영어동화 100편』 시리즈, 『7살 첫 영어 - 파닉스』, 『바빠 초등 필수 영단어』 등의 영어 교재 감수에 참여해 오고 있다.

바쁜 초등학생을 위한 빠른 알파벳 쓰기

초판 1쇄 발행 2023년 7월 10일
초판 3쇄 발행 2024년 5월 31일
지은이 징검다리 교육연구소　원어민 감수 Michael A. Putlack (마이클 A. 푸틀랙)
발행인 이지연
펴낸곳 이지스퍼블리싱(주)
출판사 등록번호 제313-2010-123호
주소 서울시 마포구 잔다리로 109 이지스 빌딩 5층(우편번호 04003)
대표전화 02-325-1722　　　　　　　　　　팩스 02-326-1723
이지스퍼블리싱 홈페이지 www.easyspub.com　이지스에듀 카페 www.easysedu.co.kr
바빠 아지트 블로그 blog.naver.com/easyspub　인스타그램 @easys_edu
페이스북 www.facebook.com/easyspub2014　이메일 service@easyspub.co.kr

본부장 조은미　기획 및 책임 편집 이지혜 | 정지연, 박지연, 김현주　교정교열 안현진　문제 검수 이지은
표지 및 내지 디자인 손한나　조판 김민균　일러스트 김학수　인쇄 SJ프린팅　독자지원 오경신, 박애림
영업 및 문의 이주동, 김요한(support@easyspub.co.kr)　마케팅 박정현, 한송이, 이나리

'바빠', '빠독이'와 '이지스에듀'는 출원 중인 상표명입니다.
잘못된 책은 구입한 서점에서 바꿔 드립니다.
이 책에 실린 모든 내용, 디자인, 이미지, 편집 구성의 저작권은 이지스퍼블리싱(주)과 지은이에게 있습니다.
허락 없이 복제할 수 없습니다.

ISBN 979-11-6303-484-1 63740
가격 12,000원

• **이지스에듀**는 이지스퍼블리싱(주)의 교육 브랜드입니다.
(이지스에듀는 학생들을 탈락시키지 않고 모두 목적지까지 데려가는 책을 만듭니다!)

"
펑펑 쏟아져야 눈이 쌓이듯,
공부도 집중해야 실력이 쌓인다.
"

명강사들이 적극 추천하는
'바쁜 초등학생을 위한 빠른 알파벳 쓰기'

《바빠 알파벳 쓰기》는 영어 알파벳 각각의 특징을 꼼꼼하게 정리하여, 아이들이 쉽고 오래 기억할 수 있도록 대문자와 소문자 쓰기를 체계적이고 반복적으로 구성해 놓았습니다.

알파벳을 처음 배우는 어린이와 초등학생들도 연필을 들고 하나씩 따라 쓰다 보면 놀이를 하듯 즐겁게 알파벳을 익힐 수 있을 것으로 기대합니다.

부디 이 책으로 앞으로 영어 공부의 시작을 재미있게 하기 바랍니다.

어션 선생님
기초 영어 강사, '어션영어 BasicEnglish' 유튜브 운영자

이 책은 각 알파벳의 어떤 특징을 생각하며 써야 예쁘게 쓸 수 있는지, 대문자와 소문자가 어떻게 다른지 등 처음 알파벳을 접하는 아이들에게 길잡이가 되어 줍니다.

더불어, 각 알파벳의 발음을 직접 들으며 써 보고 다양한 초등 영단어 또한 함께 배울 수 있다는 특징은 영어를 이제 막 시작하는 아이들이 기초를 다지는 데에 큰 도움이 될 것입니다.

이은지 선생님
(주)탑클래스에듀아이 영어 강사

cat과 cut은 헷갈릴 여지가 없는 전혀 다른 단어죠? 하지만 아이들이 이 단어들을 잘못 쓰는 경우를 더러 목격하곤 합니다. 두 단어의 차이를 잘 알면서도 틀리는 이유는 아이들이 a와 u의 글자를 쓰는 방향이나 순서를 유념하지 않았기 때문입니다.

그렇기 때문에 처음부터 칸과 순서에 맞춰 쓰는 것이 중요합니다. 이 책을 통해 단순히 '글씨 좀 예쁘게 쓰라'는 잔소리 대신 알파벳 쓰기를 정확하게 배우고 충분히 연습할 수 있게 도와주세요.

클레어 선생님
바빠 영어쌤, 초등학교 방과 후 영어 강사

처음 배우는 한글보다 더욱 생소한 알파벳 쓰기. 알파벳이 생소하면 우리 아이들은 n과 h, a와 u, g와 y 등을 명확하게 구분해서 쓰지 않기도 하고 b와 d, p와 q, m과 w를 혼동하거나 j와 c의 좌우 방향을 헷갈려 합니다.

《바빠 알파벳 쓰기》를 통해 알록달록한 알파벳을 한 획, 한 획 정성 들여 써 내려가다 보면 어느새 우리 아이들은 알파벳으로 물들어 있을 것입니다.

유혜빈 선생님
서울 포레스픽 어학원 영어 강사

이 책 한 권으로 알파벳도 떼고,
예쁜 글씨체도 만들 수 있어요!

정규 영어 수업이 시작되는 3학년까지, 알파벳을 꼭 잡고 가요!

 공교육에서 영어 수업은 초등학교 3학년 때부터 시작됩니다. 하지만 수업 시간에 아이들이 알파벳을 익힐 시간은 충분하지 않습니다. 이는 학교 수업이 아이들 수준에 맞게 진행되는 것이 아닌 한정된 시간 내에 정해진 진도를 나가는 구조이기 때문입니다. 그래서 정규 영어 수업 시작 전에 아이가 수업을 헤매지 않고 잘 집중할 수 있도록 미리 알파벳까지는 학습시켜 줘야 합니다. 이는 마치 초등학교 입학 전에 한글을 떼야 하는 이유와 같습니다.

예쁘게 쓰면 학습에 집중력도 생기고, 실수도 줄어요!

영어 학습에서 알파벳 쓰기는 아이들에게 학습에 집중력을 기를 수 있는 좋은 기회입니다. 알파벳을 바르고 예쁘게 잘 쓰려면 한 획, 한 획 집중해서 써야 합니다. 이 과정에서 아이들은 저절로 학습에 집중력이 생깁니다. 또한 글씨를 바르게 쓰면서 자연스럽게 길러진 차분함은 실수를 줄여 줍니다. 예를 들면 대문자와 소문자를 헷갈려 틀리는 경우도 현저하게 줄어들고, 단어의 철자를 실수하는 일도 사라집니다.

아이 스스로 14일이면, 알파벳을 예쁘게 쓸 수 있어요!

이 책은 선생님이나 부모님의 도움 없이도 아이 혼자 학습할 수 있도록 구성했습니다. 해석 없이도 명확하게 이해할 수 있는 이미지와 사진으로 단순하게 구성하되, 아이가 스스로 학습하면서 성취감을 느낄 수 있도록 했습니다. 14일 후면 26개 알파벳을 대문자, 소문자 모두 틀리지 않고 자신 있게 쓸 수 있게 됩니다.

체계적인 쓰기 활동으로, 학습 효율을 극대화해요!

처음 알파벳을 배우는 아이들은 알파벳을 따라 쓰는 것부터 어려워합니다. 알파벳이 그림으로 인식되기 때문에 그림처럼 그리게 됩니다. 그렇기 때문에 순서를 명확하게 알려주는 것이 중요합니다.

이 책은 쓰는 순서를 잘 기억할 수 있는 3단계로 구성되어 있습니다. 1단계는 순서를 보면서 따라 쓰는 활동, 2단계는 순서를 기억해서 점선을 따라 예쁘게 쓰는 활동, 마지막 3단계는 시작과 끝을 확인하며, 마지막으로 순서를 잘 기억해서 쓸 수 있는지 스스로 알아보는 활동으로 구성했습니다. 또한 쓰기 순서 외에도, 작은 글자 쓰기 훈련까지 충분히 할 수 있어 운필력도 자연스럽게 기를 수 있습니다.

★ 예쁘게 쓰는 법 세모를 그리듯이 두 선을 뾰족하게 만드세요.

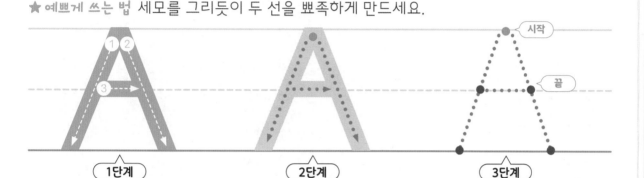

1단계	2단계	3단계
순서대로 따라 쓰기	순서 기억하며 따라 쓰기	시작점과 끝점 이어 쓰기

헷갈리는 알파벳만 모아 서로 비교하며, 완벽하게 배워요!

알파벳은 비슷한 모양이 많아 헷갈리는 부분이 많습니다. 예를 들어 b와 d의 모양을 헷갈려 잘못 쓰기도 하고, c의 방향도 거꾸로 쓰기도 하지요. 단순한 차이이지만 따로따로 배우면서 더 많이 헷갈릴 수 있습니다. 아이가 실수하기 쉬운 알파벳을 모아 볼 수 있도록 78쪽에 Take a break 코너를 마련했습니다. 읽기 자료를 읽으면 알파벳을 좀 더 완벽하게 기억할 수 있을 것입니다.

초등 필수 영단어를 자연스럽게 익혀요!

이 책에서는 대문자와 소문자 쓰기 연습을 초등 영어 교과서 필수 영단어를 통해 많이 연습할 수 있도록 부록을 구성하였습니다. 부록까지 마치면 대문자와 소문자는 물론이고, 초등 필수 영단어 78개까지 제대로 익힐 수 있어 학교 수업 시간에도 자신감이 생길 거예요.

★ 《바쁜 초등학생을 위한 빠른 알파벳 쓰기》교재를 다 푼 후에는 알파벳 소리를 배울 수 있는 파닉스를 이어서 시작해 보세요.

★ 《바쁜 초등학생을 위한 빠른 파닉스 1,2》로 알파벳 소리값부터 단모음, 장모음, 이중 글자까지 공부할 수 있어요.

바쁜 초등학생을 위한 빠른 알파벳 쓰기

★아래의 공부 계획표를 확인하세요!
★공부한 유닛에 ✔하세요.

📅 14일 에 끝내는 공부 계획표

1학년이면 하루에 2과씩 해도 좋지만
2학년부터는 꼭 14일에 끝내자!

★	DAY 01	DAY 02	DAY 03	DAY 04	DAY 05	DAY 06	DAY 07	DAY 08	DAY 09	DAY 10	DAY 11	DAY 12	DAY 13	DAY 14
	✔	☐	☐	☐	☐	☐	☐	☐	☐	☐	☐	☐	☐	☐
14일 완성	Unit 01~04	Unit 05~08	Unit 09~12	Unit 13~16	Unit 17~20	Unit 21~24	Unit 25~28	Unit 29~32	Unit 33~34	책 속 부록 1~3	책 속 부록 4~6	책 속 부록 7~9	책 속 부록 10~12	책 속 부록 13~14

또박또박 따라 쓰다 보면,
알파벳이 정확하게 외워져요!

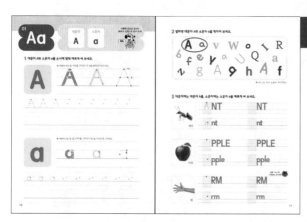

1단계 ▶ 따라 쓰기로 알파벳 정확하게 쓰기

알파벳 하나씩 대문자와 소문자를 순서대로 따라
쓰고, 큰 글자뿐만 아니라 작은 글자까지 충분히
연습하며 손에 익힙니다.
또한 해당 알파벳을 다양한 서체로도 만나보고,
단어 속에서도 써 보면서 반복 연습해 보세요!

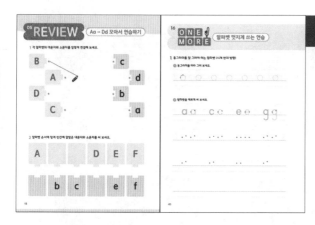

2단계 ▶ 복습하기로 알파벳 정확하게 쓰기

앞에서 배운 알파벳을 모아서 한 번에 정리합니다.
뿐만 아니라 알파벳 순서도 제대로 알고 있는지
확인해 보세요!

3단계 ▶ 초등 필수 영단어로 알파벳 정확하게 쓰기

본문에서 공부한 초등 기초 영어 단어를 모두 모아
한 번에 정리합니다.
소문자를 대문자로, 대문자는 소문자로 바꾸어 쓰면서
스스로 대·소문자를 잘 익혔는지 한 번 점검해 보세요!

알파벳 한눈에 살펴보기

본격적인 알파벳 쓰기를 시작하기 전에 알파벳 이름과 순서를 눈으로 익혀 보세요!

Aa → Bb → Cc ——

Gg → Hh → Ii ——

Mm → Nn → Oo ——

Ss → Tt → Uu ——

Yy → Zz

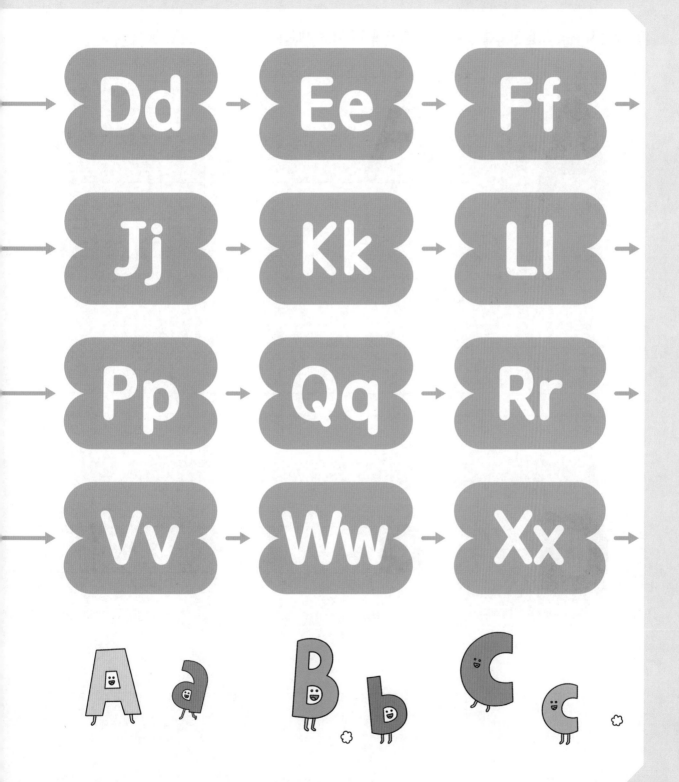

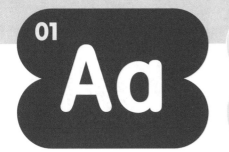

대문자	소문자
A	a

정확한 발음은 표지의
QR코드 음원으로 들어 보자!

에이

1 대문자 A와 소문자 a를 순서에 맞춰 예쁘게 써 보세요.

★ 예쁘게 쓰는 법 세모를 그리듯이 두 선을 뾰족하게 만드세요.

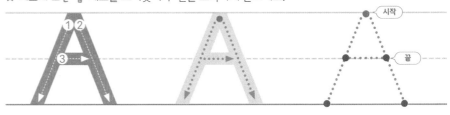

★ 예쁘게 쓰는 법 동그라미를 그리다가 직선을 아래로 쭉 그리세요.

2 알파벳 대문자 A와 소문자 a를 짝지어 보세요.

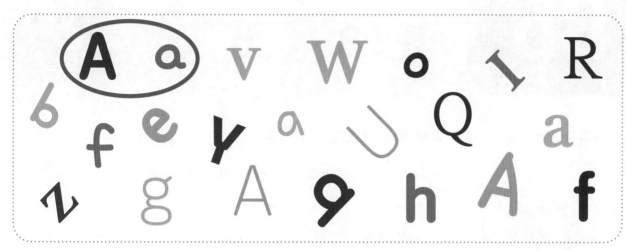

★ a도 a도 모두 소문자 '에이'예요.

3 대문자에는 대문자 A를, 소문자에는 소문자 a를 예쁘게 써 보세요.

개미

ANT　　NT

ant　　nt

사과

APPLE　　PPLE

apple　　pple

전부 '에이'로
시작하는 단어네!

팔

ARM　　RM

arm　　rm

대문자	소문자
B	**b**

비

1 대문자 B와 소문자 b를 순서에 맞춰 예쁘게 써 보세요.

★ 예쁘게 쓰는 법 세로로 직선을 긋고, 3자를 붙여서 그리세요.

★ 예쁘게 쓰는 법 세로로 직선을 긋고, 오른쪽 아래에 동그라미를 그리세요.

2 알파벳 대문자 B와 소문자 b를 짝지어 보세요.

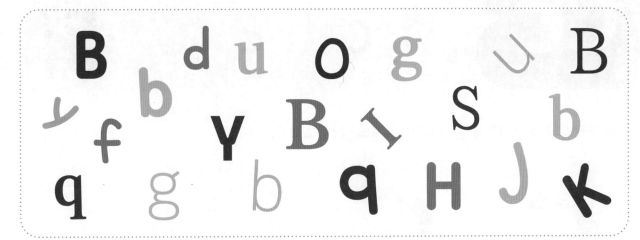

3 대문자에는 대문자 B를, 소문자에는 소문자 b를 예쁘게 써 보세요.

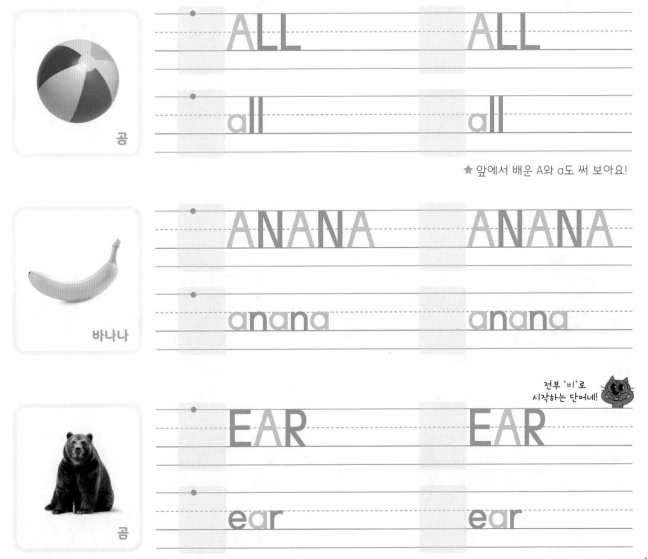

대문자	소문자
C	c

정확한 발음은
음원으로 들어 보자!

씨

1 대문자 C와 소문자 c를 순서에 맞춰 예쁘게 써 보세요.

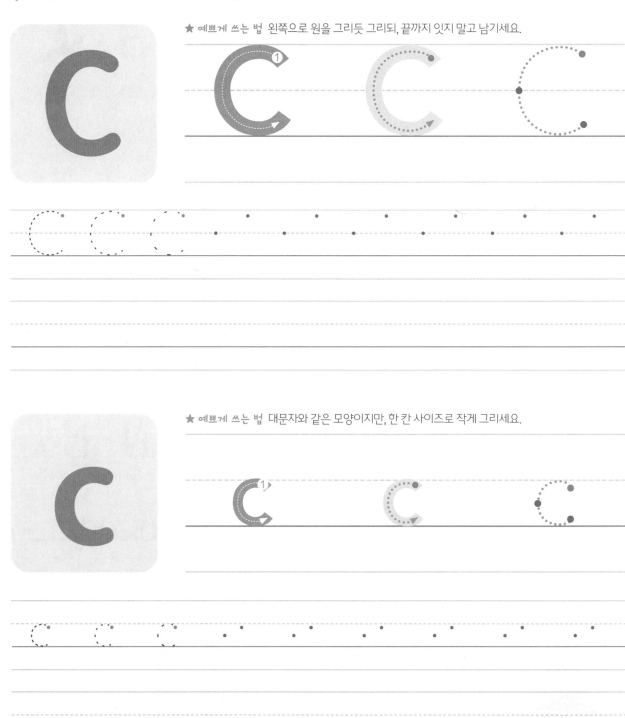

★ **예쁘게 쓰는 법** 왼쪽으로 원을 그리듯 그리되, 끝까지 잇지 말고 남기세요.

★ **예쁘게 쓰는 법** 대문자와 같은 모양이지만, 한 칸 사이즈로 작게 그리세요.

2 알파벳 대문자 C와 소문자 c를 짝지어 보세요.

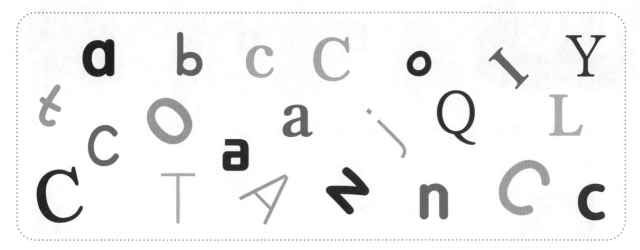

3 대문자에는 대문자 C를, 소문자에는 소문자 c를 예쁘게 써 보세요.

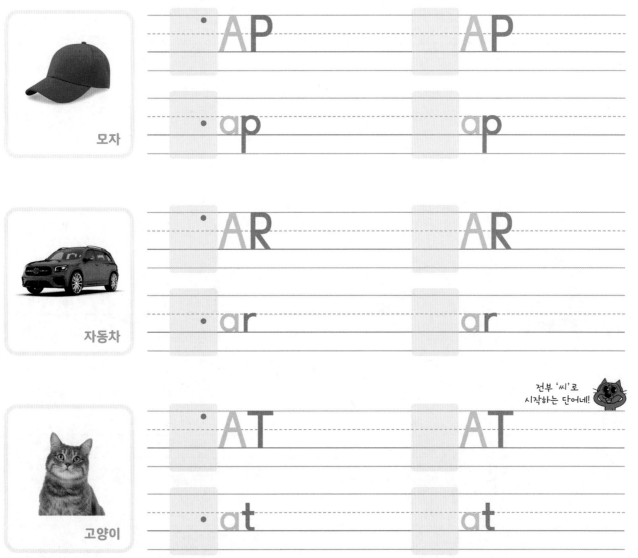

전부 '씨'로
시작하는 단어네!

모자

자동차

고양이

대문자 **D** 소문자 **d**

정확한 발음은 음원으로 들어 보자!

디

1 대문자 D와 소문자 d를 순서에 맞춰 예쁘게 써 보세요.

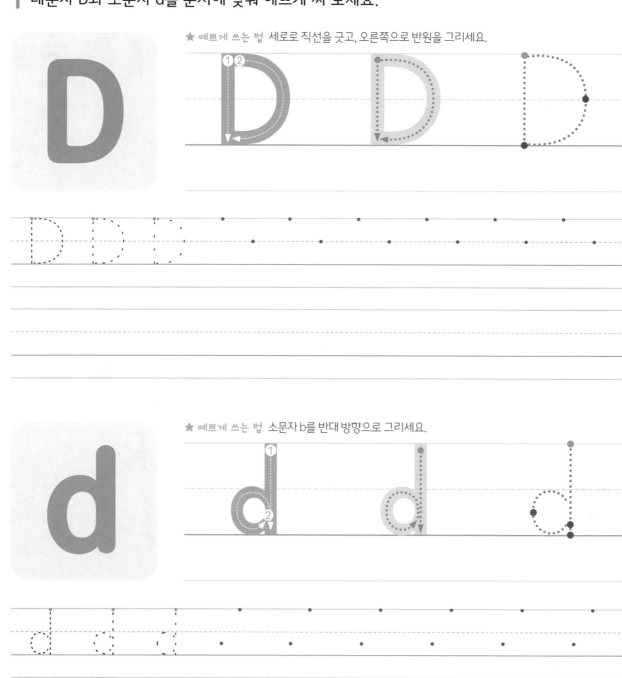

★ 예쁘게 쓰는 법 세로로 직선을 긋고, 오른쪽으로 반원을 그리세요.

★ 예쁘게 쓰는 법 소문자 b를 반대 방향으로 그리세요.

2 알파벳 대문자 D와 소문자 d를 짝지어 보세요.

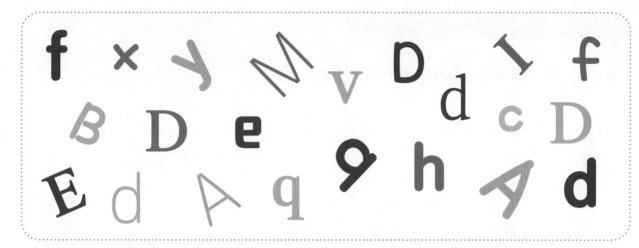

3 대문자에는 대문자 D를, 소문자에는 소문자 d를 예쁘게 써 보세요.

책상

ESK   ESK

esk   esk

의사

OCTOR   OCTOR

octor   octor

개

전부 '디'로
시작하는 단어네!

OG   OG

og   og

1 각 알파벳의 대문자와 소문자를 알맞게 연결해 보세요.

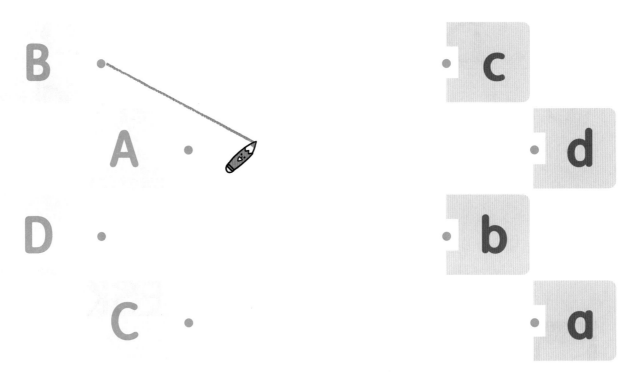

B ·

A ·

D ·

C ·

· c

· d

· b

· a

2 알파벳 순서에 맞게 빈칸에 알맞은 대문자와 소문자를 써 보세요.

A   D   E   F

b   c   e   f

3 빈칸에 알맞은 알파벳을 쓰고 같은 단어끼리 연결해 보세요.

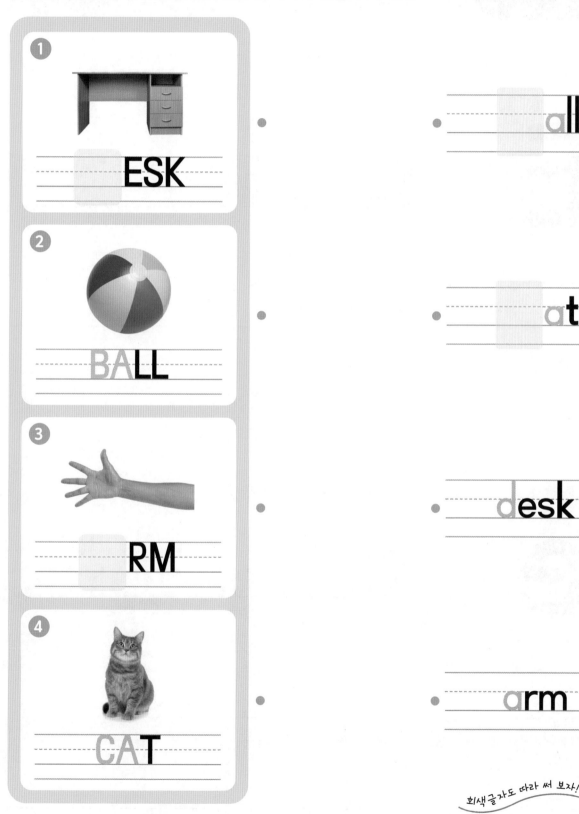

1 ESK

2 BALL

3 RM

4 CAT

all
공

at
고양이

desk
책상

arm
팔

회색글자도 따라 써 보자!

19

대문자	소문자
E	e

1 대문자 E와 소문자 e를 순서에 맞춰 예쁘게 써 보세요.

★ 예쁘게 쓰는 법 세로로 직선을 긋고, 가로선 3개를 일정한 간격으로 그리세요.

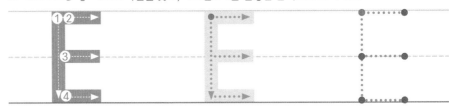

★ 예쁘게 쓰는 법 가로로 직선을 긋고, 연결해서 c를 그리세요.

2 알파벳 대문자 E와 소문자 e를 짝지어 보세요.

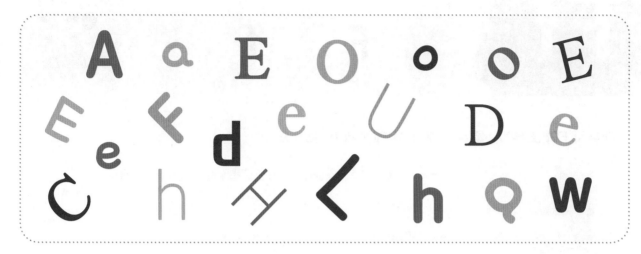

3 대문자에는 대문자 E를, 소문자에는 소문자 e를 예쁘게 써 보세요.

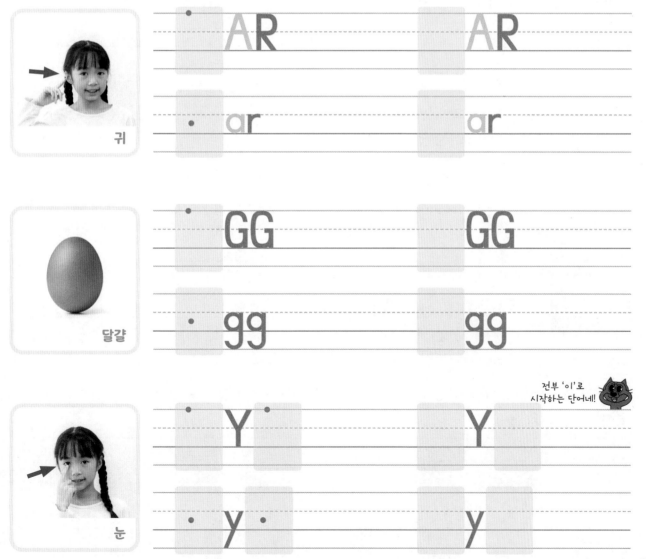

전부 '이'로
시작하는 단어네!

대문자

소문자

에프

1 대문자 F와 소문자 f를 순서에 맞춰 예쁘게 써 보세요.

★ 예쁘게 쓰는 법 세로로 직선을 긋고, 가로선 2개를 일정한 간격으로 그리세요.

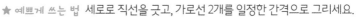

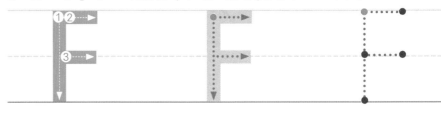

★ 예쁘게 쓰는 법 세로선을 지팡이 모양으로 그린 다음, 가로선을 짧게 그리세요.

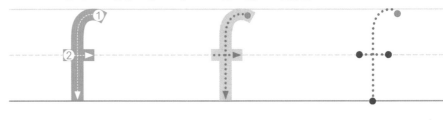

2 알파벳 대문자 F와 소문자 f를 짝지어 보세요.

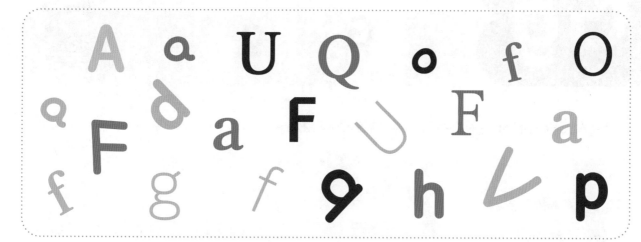

3 대문자에는 대문자 F를, 소문자에는 소문자 f를 예쁘게 써 보세요.

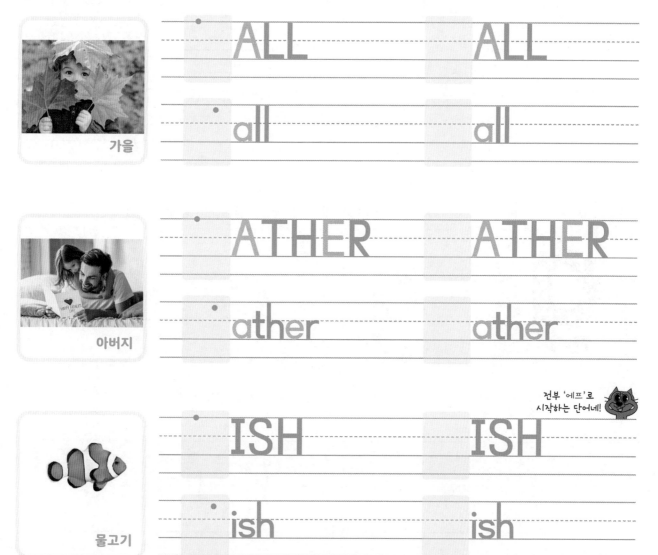

가을

ALL　　　ALL

all　　　all

아버지

ATHER　　ATHER

ather　　ather

전부 '에프'로
시작하는 단어네!

ISH　　ISH

ish　　ish

물고기

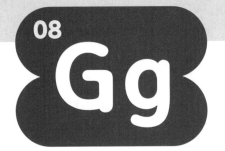

대문자	소문자
G	**g**

1 대문자 G와 소문자 g를 순서에 맞춰 예쁘게 써 보세요.

★ **예쁘게 쓰는 법** C 모양을 그린 다음, 안쪽에 ㄱ을 그리세요.

★ **예쁘게 쓰는 법** 원을 먼저 그린 다음, 아래로 우산 손잡이처럼 곡선을 그리세요.

2 알파벳 대문자 G와 소문자 g를 짝지어 보세요.

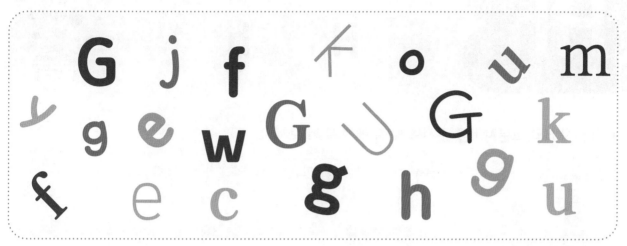

★ G도 G도 모두 대문자 '쥐'고, g도 g도 모두 소문자 '쥐'예요.

3 대문자에는 대문자 G를, 소문자에는 소문자 g를 예쁘게 써 보세요.

소녀
· IRL   IRL
· irl   irl

포도
· RAPE   RAPE
· rape   rape

전부 '쥐'로
시작하는 단어네!

초록
· REEN   REEN
· reen   reen

정확한 발음은
음원으로 들어 보자!

에이치

1 대문자 H와 소문자 h를 순서에 맞춰 예쁘게 써 보세요.

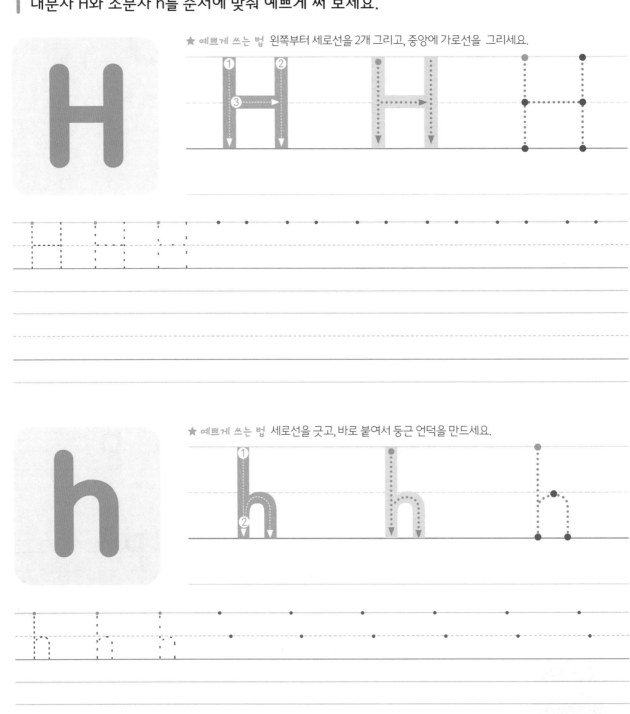

★ 예쁘게 쓰는 법 왼쪽부터 세로선을 2개 그리고, 중앙에 가로선을 그리세요.

★ 예쁘게 쓰는 법 세로선을 긋고, 바로 붙여서 둥근 언덕을 만드세요.

2 알파벳 대문자 H와 소문자 h를 짝지어 보세요.

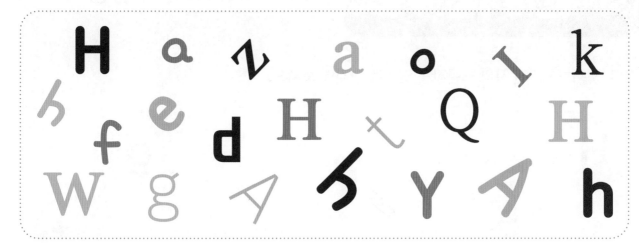

3 대문자에는 대문자 H를, 소문자에는 소문자 h를 예쁘게 써 보세요.

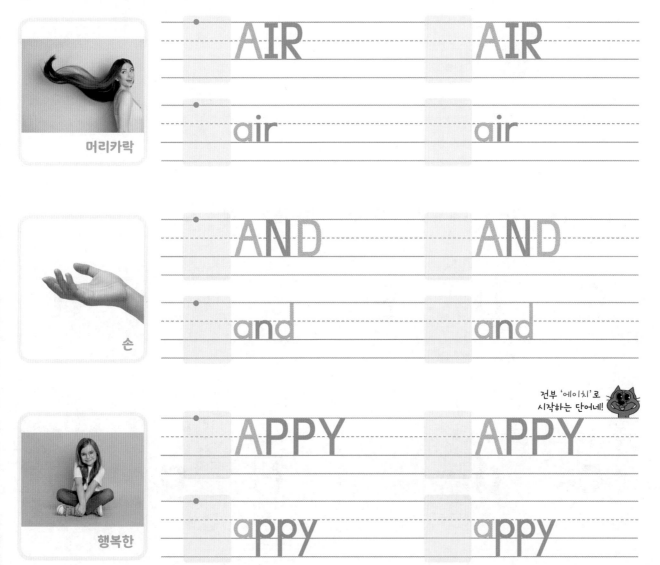

머리카락

AIR   AIR

air   air

손

AND   AND

and   and

전부 '에이치'로
시작하는 단어네!

행복한

APPY   APPY

appy   appy

Ee ~ Hh 모아서 연습하기

1 각 알파벳의 대문자와 소문자를 알맞게 연결해 보세요.

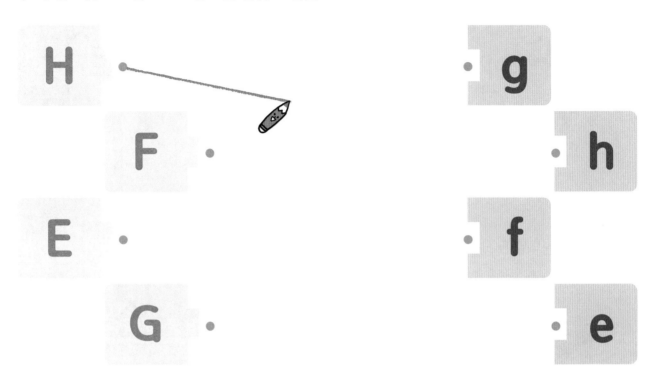

H

F •

E •

G •

• g

• h

• f

• e

2 알파벳 순서에 맞게 빈칸에 알맞은 대문자와 소문자를 써 보세요.

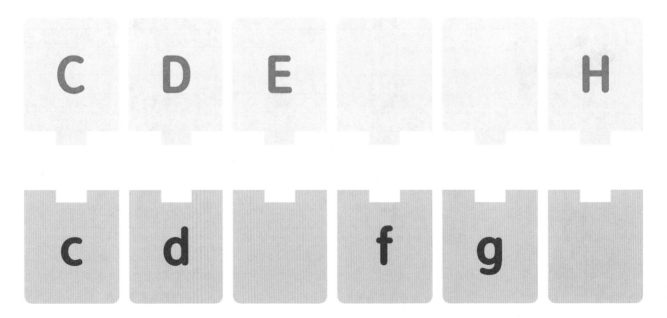

C D E H

c d f g

3 빈칸에 알맞은 알파벳을 쓰고 같은 단어끼리 연결해 보세요.

① EAR

② IRL

③ FALL

④ APPY

all
가을

ar
귀

girl
소녀

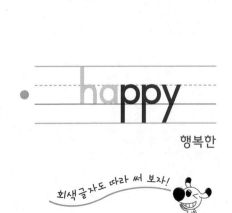

happy
행복한

회색글자도 따라 써 보자!

29

대문자	소문자
I	i

아이

1 대문자 I와 소문자 i를 순서에 맞춰 예쁘게 써 보세요.

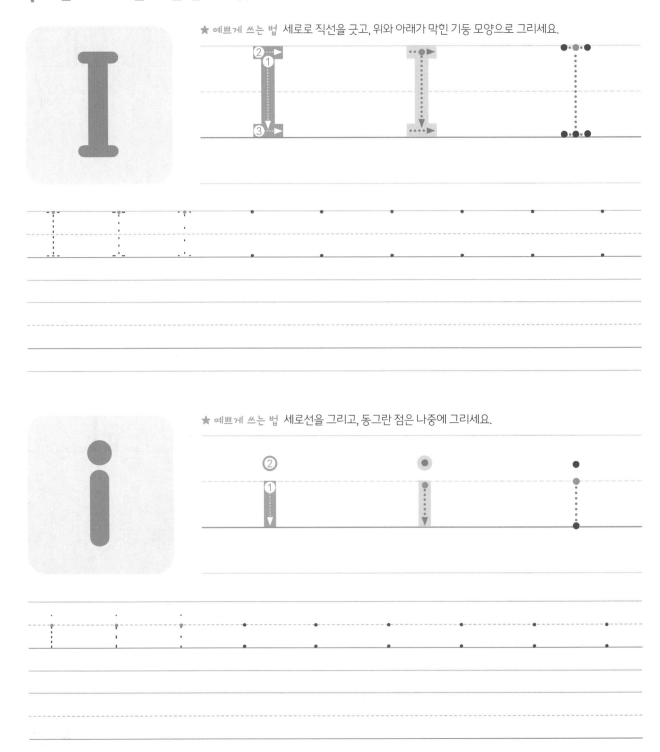

★ **예쁘게 쓰는 법** 세로로 직선을 긋고, 위와 아래가 막힌 기둥 모양으로 그리세요.

★ **예쁘게 쓰는 법** 세로선을 그리고, 동그란 점은 나중에 그리세요.

2 알파벳 대문자 I와 소문자 i를 짝지어 보세요.

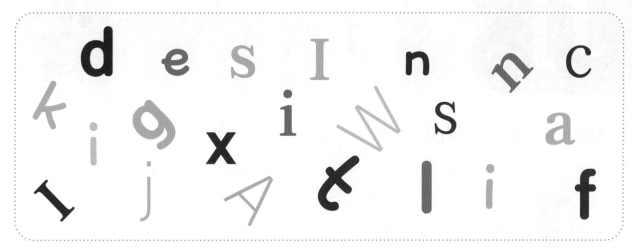

★ I도 l도 모두 대문자 '아이'예요.

3 대문자에는 대문자 I를, 소문자에는 소문자 i를 예쁘게 써 보세요.

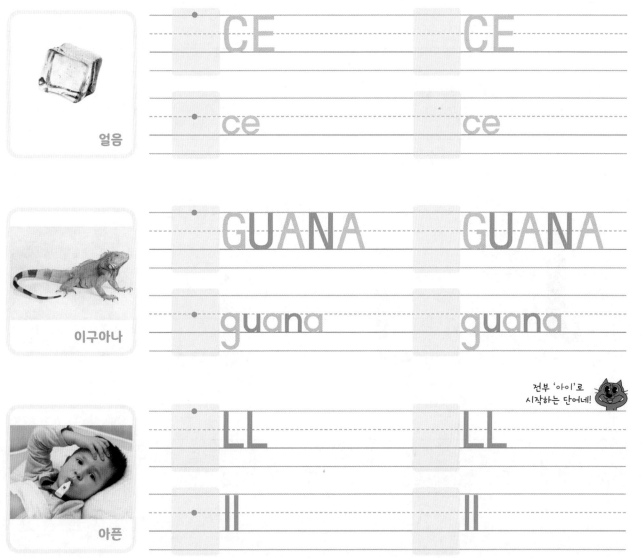

CE   CE

ce   ce

얼음

GUANA   GUANA

guana   guana

이구아나

전부 '아이'로
시작하는 단어네!

LL   LL

ll   ll

아픈

31

대문자	소문자
J	j

제이

1 대문자 J와 소문자 j를 순서에 맞춰 예쁘게 써 보세요.

★ **예쁘게 쓰는 법** 세로선은 우산 손잡이처럼 만드세요. 그리고 가로선을 짧게 그리세요.

★ **예쁘게 쓰는 법** 세로선은 우산 손잡이처럼 만드세요. 동그란 점은 마지막에 콕!

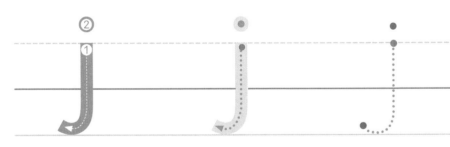

2 알파벳 대문자 J와 소문자 j를 짝지어 보세요.

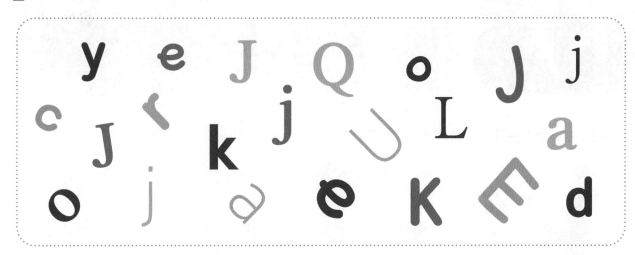

★ J도 J도 모두 대문자 '제이'예요.

3 대문자에는 대문자 J를, 소문자에는 소문자 j를 예쁘게 써 보세요.

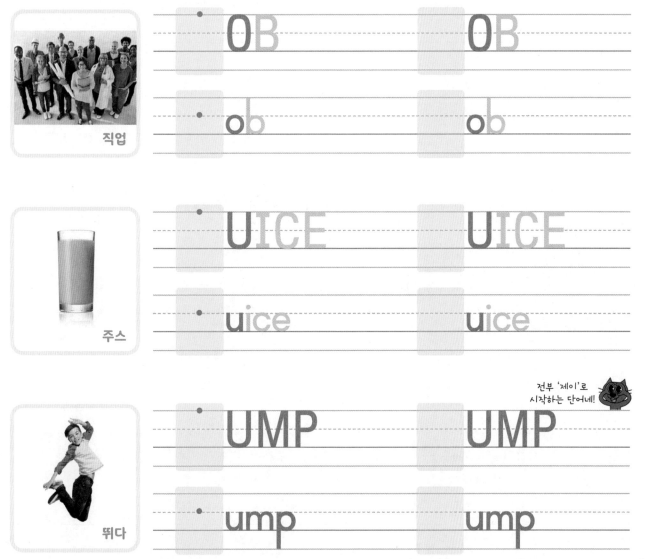

직업

OB   OB
ob   ob

주스

UICE   UICE
uice   uice

전부 '제이'로
시작하는 단어네!

뛰다

UMP   UMP
ump   ump

대문자	소문자
K	k

정확한 발음은
음원으로 들어 보자!

케이

1 대문자 K와 소문자 k를 순서에 맞춰 예쁘게 써 보세요.

★ 예쁘게 쓰는 법 직선을 그린 다음, 위-중앙-아래로 사선을 2개 그리세요.

★ 예쁘게 쓰는 법 모양은 대문자와 비슷하지만, 사선을 모두 한 칸에 그리세요.

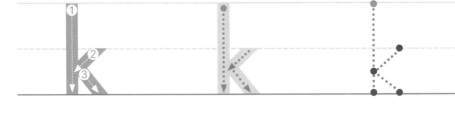

2 알파벳 대문자 K와 소문자 k를 짝지어 보세요.

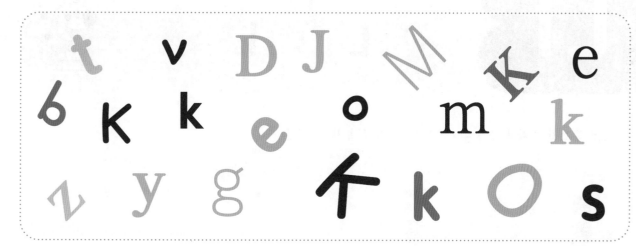

3 대문자에는 대문자 K를, 소문자에는 소문자 k를 예쁘게 써 보세요.

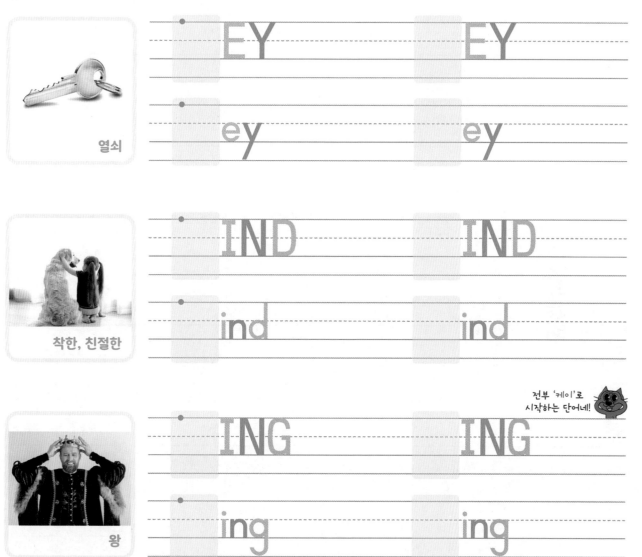

열쇠

EY   EY

ey   ey

착한, 친절한

IND   IND

ind   ind

전부 '케이'로
시작하는 단어네!

왕

ING   ING

ing   ing

대문자  소문자

L l

엘

1 대문자 L과 소문자 l을 순서에 맞춰 예쁘게 써 보세요.

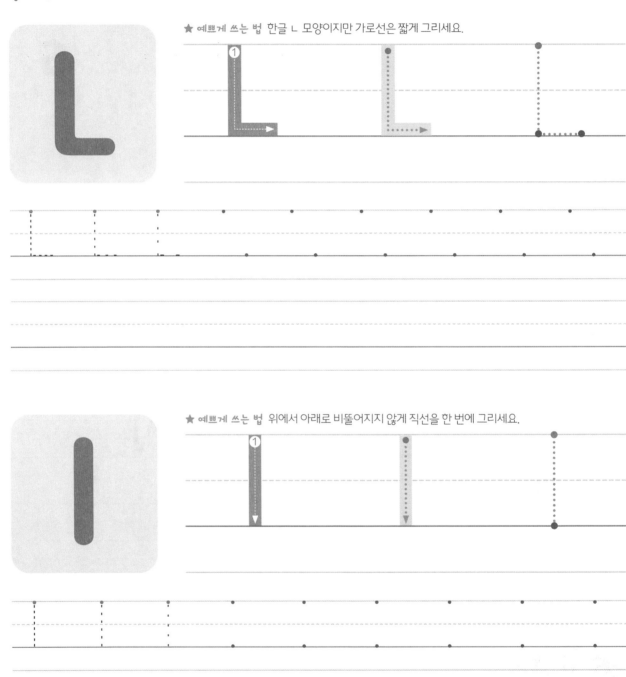

★ 예쁘게 쓰는 법 한글 ㄴ 모양이지만 가로선은 짧게 그리세요.

★ 예쁘게 쓰는 법 위에서 아래로 비뚤어지지 않게 직선을 한 번에 그리세요.

2 알파벳 대문자 L과 소문자 l을 짝지어 보세요.

3 대문자에는 대문자 L을, 소문자에는 소문자 l을 예쁘게 써 보세요.

잎

EAF   EAF

eaf   eaf

사자

ION   ION

ion   ion

전부 '엘'로
시작하는 단어네!

사랑

OVE   OVE

ove   ove

Ii ~ Ll 모아서 연습하기

1 각 알파벳의 대문자와 소문자를 알맞게 연결해 보세요.

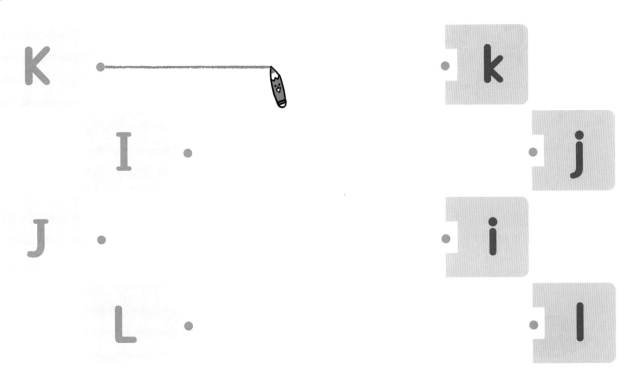

K •

I •

J •

L •

• k

• j

• i

• l

2 알파벳 순서에 맞게 빈칸에 알맞은 대문자와 소문자를 써 보세요.

G	H	I			L

g	h		j	k	

3 빈칸에 알맞은 알파벳을 쓰고 같은 단어끼리 연결해 보세요.

1

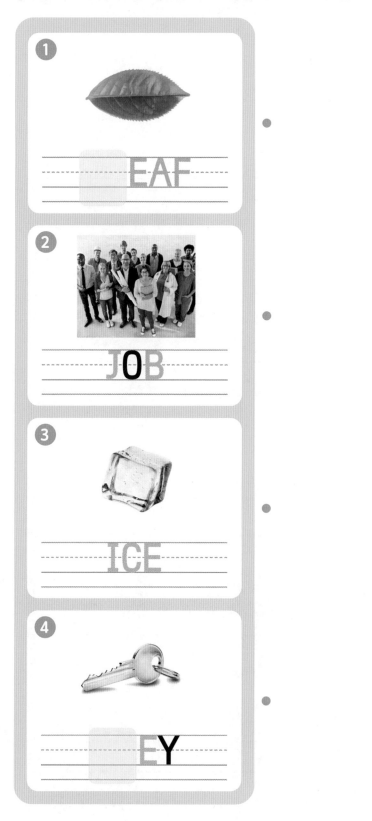

EAF

ce

얼음

2

JOB

ob

직업

3

ICE

leaf

잎

4

EY

key

열쇠

ONE MORE 알파벳 멋지게 쓰는 연습

1 동그라미를 잘 그려야 하는 알파벳 (시계 반대 방향)

❶ 동그라미를 따라 그려 보세요.

❷ 알파벳을 예쁘게 써 보세요.

a a   c c   e e   g g

2 직선을 잘 그려야 하는 알파벳

1 직선을 따라 그려 보세요.

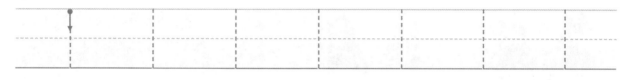

2 알파벳을 예쁘게 써 보세요.

대문자	소문자
M	m

정확한 발음은
음원으로 들어 보자!

엠

1 대문자 M과 소문자 m을 순서에 맞춰 예쁘게 써 보세요.

★ 예쁘게 쓰는 법 직선을 그린 다음 V를 그리고 다시 직선을 그리세요.

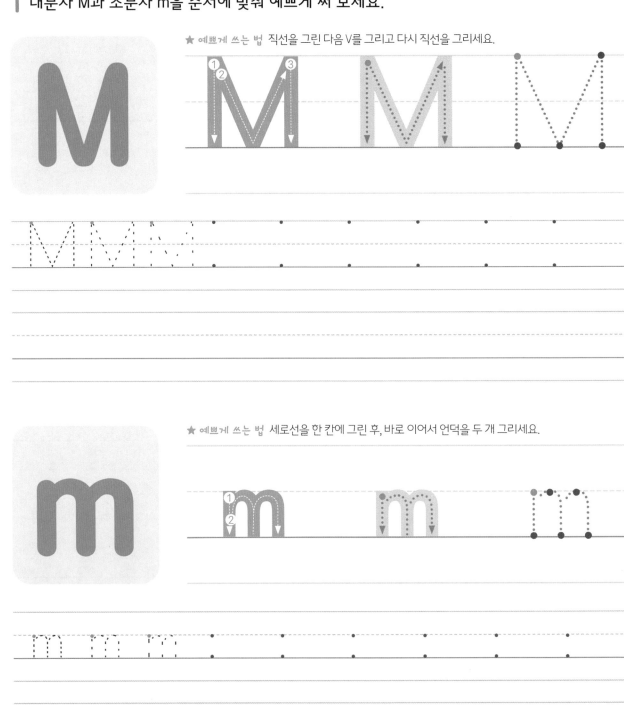

★ 예쁘게 쓰는 법 세로선을 한 칸에 그린 후, 바로 이어서 언덕을 두 개 그리세요.

2 알파벳 대문자 M과 소문자 m을 짝지어 보세요.

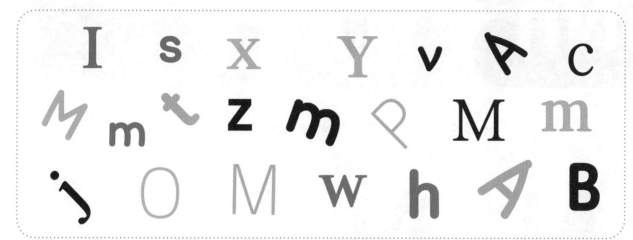

3 대문자에는 대문자 M을, 소문자에는 소문자 m을 예쁘게 써 보세요.

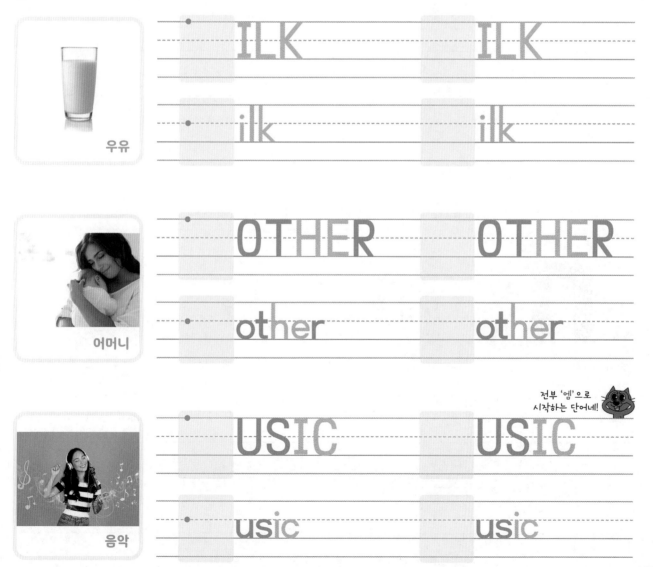

ILK   ILK

ilk   ilk

우유

OTHER   OTHER

other   other

어머니

전부 '엠'으로
시작하는 단어네!

USIC   USIC

usic   usic

음악

대문자   소문자

N   **n**

정확한 발음은
음원으로 들어 보자!

엔

1 대문자 N과 소문자 n을 순서에 맞춰 예쁘게 써 보세요.

★ **예쁘게 쓰는 법** 세로선을 직선-사선-직선으로 차례로 그리세요.

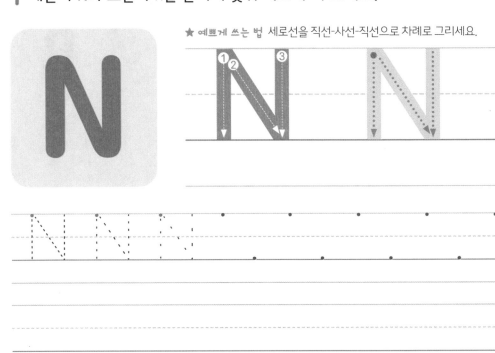

★ **예쁘게 쓰는 법** 세로선을 한 칸에 그린 후, 바로 이어서 언덕을 한 개 그리세요.

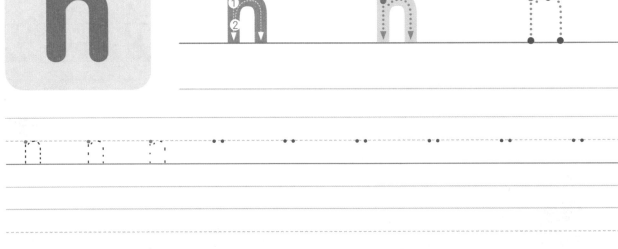

2 알파벳 대문자 N과 소문자 n을 짝지어 보세요.

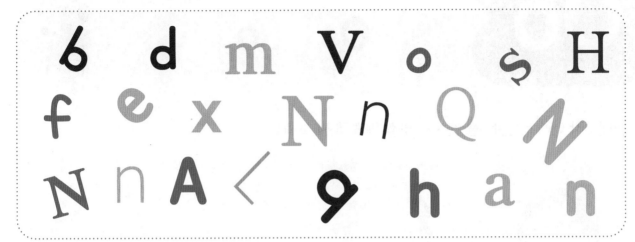

3 대문자에는 대문자 N을, 소문자에는 소문자 n을 예쁘게 써 보세요.

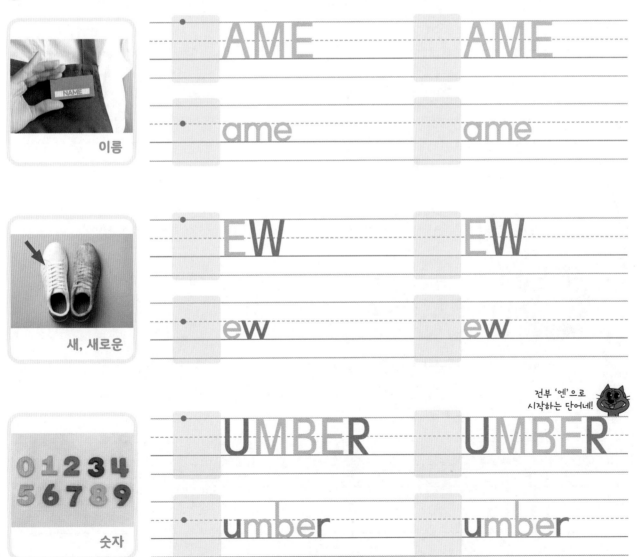

이름

AME   AME

ame   ame

새, 새로운

EW   EW

ew   ew

전부 '엔'으로
시작하는 단어네!

숫자

UMBER   UMBER

umber   umber

19

대문자	소문자
O	o

정확한 발음은
음원으로 들어 보자!

오

1 대문자 O와 소문자 o를 순서에 맞춰 예쁘게 써 보세요.

★ 예쁘게 쓰는 법 도넛을 그리듯이 동그라미를 두 칸에 맞게 그리세요.

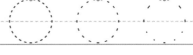

★ 예쁘게 쓰는 법 대문자와 같은 모양이지만 아래 칸에 작게 그리세요.

2 알파벳 대문자 O와 소문자 o를 짝지어 보세요.

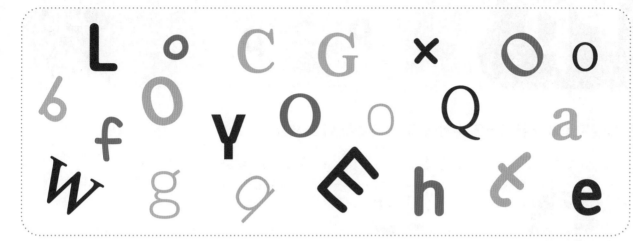

3 대문자에는 대문자 O를, 소문자에는 소문자 o를 예쁘게 써 보세요.

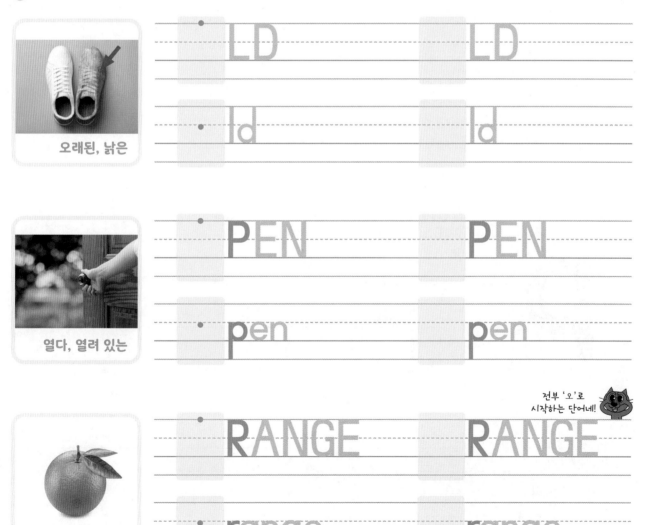

오래된, 낡은

LD   LD

ld   ld

열다, 열려 있는

PEN   PEN

pen   pen

오렌지

전부 '오'로
시작하는 단어네!

RANGE   RANGE

range   range

대문자	소문자
P	p

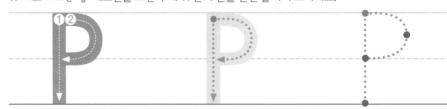

정확한 발음은
음원으로 들어 보자!

피

1 대문자 P와 소문자 p를 순서에 맞춰 예쁘게 써 보세요.

★ **예쁘게 쓰는 법** 세로선을 그린 후에 위 칸에 원을 반만 붙여서 그리세요.

★ **예쁘게 쓰는 법** 대문자와 같은 모양이지만 한 칸 아래에 그리세요.

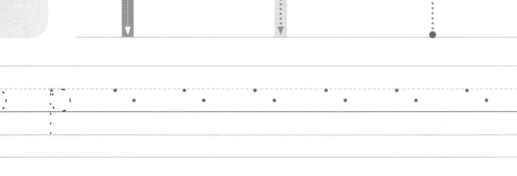

2 알파벳 대문자 P와 소문자 p를 짝지어 보세요.

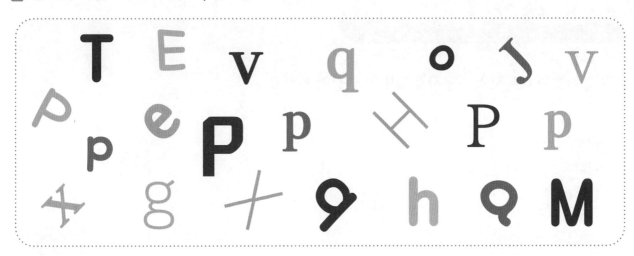

3 대문자에는 대문자 P를, 소문자에는 소문자 p를 예쁘게 써 보세요.

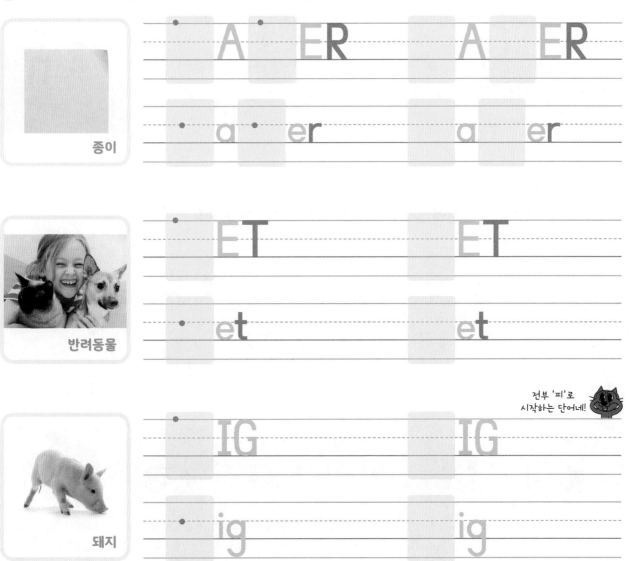

종이

A ER   A ER

a er   a er

반려동물

ET   ET

et   et

전부 '피'로
시작하는 단어네!

돼지

IG   IG

ig   ig

1 각 알파벳의 대문자와 소문자를 알맞게 연결해 보세요.

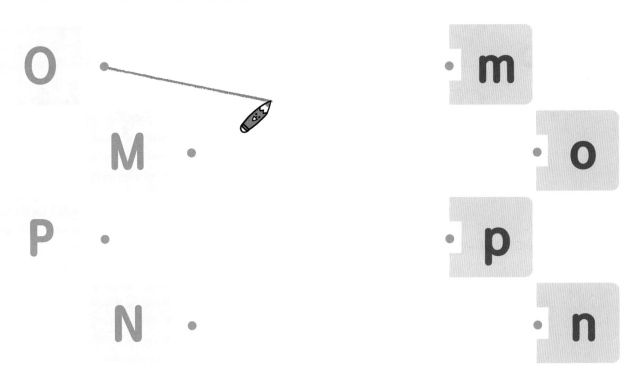

2 알파벳 순서에 맞게 빈칸에 알맞은 대문자와 소문자를 써 보세요.

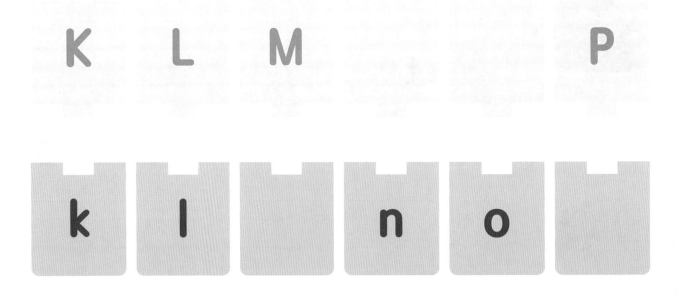

3 빈칸에 알맞은 알파벳을 쓰고 같은 단어끼리 연결해 보세요.

NEW

ILK

LD

PET

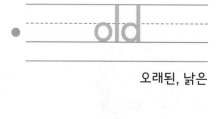

old

오래된, 낡은

et

반려동물

ew

새, 새로운

milk

우유

51

대문자	소문자
Q	q

정확한 발음은
음원으로 들어 보자!

큐

1 대문자 Q와 소문자 q를 순서에 맞춰 예쁘게 써 보세요.

★ 예쁘게 쓰는 법 원을 먼저 그리고, 오른쪽 아래에 사선으로 막대를 그리세요.

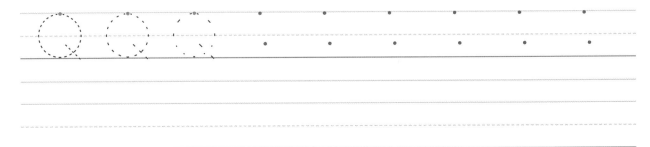

★ 예쁘게 쓰는 법 숫자 9처럼 그리되, 두 번째 칸에서 그리세요. 세로선 끝을 구부리지 않아요.

2 알파벳 대문자 Q와 소문자 q를 짝지어 보세요.

3 대문자에는 대문자 Q를, 소문자에는 소문자 q를 예쁘게 써 보세요.

여왕

· UEEN UEEN

· ueen ueen

조용한

· UIET UIET

· uiet uiet

전부 '큐'로
시작하는 단어네!

퀴즈

· UIZ UIZ

· uiz uiz

23

Rr

정확한 발음은
음원으로 들어 보자!

알

1 대문자 R과 소문자 r을 순서에 맞춰 예쁘게 써 보세요.

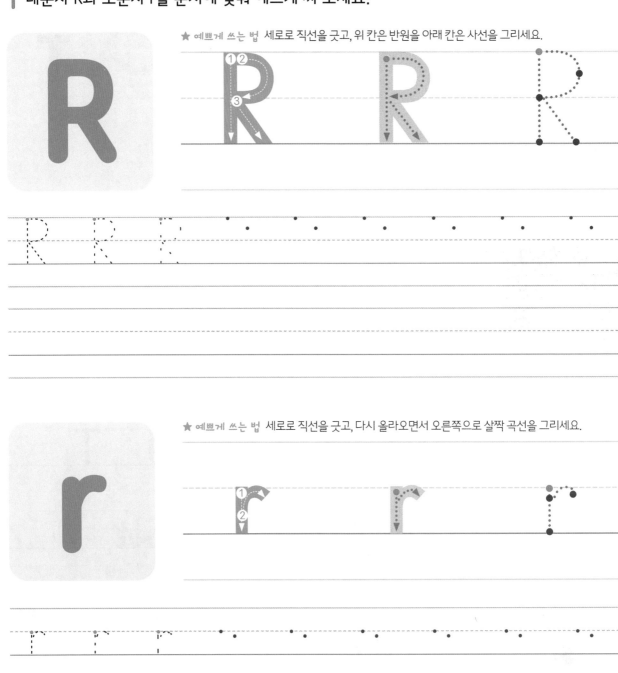

★ 예쁘게 쓰는 법 세로로 직선을 긋고, 위 칸은 반원을 아래 칸은 사선을 그리세요.

★ 예쁘게 쓰는 법 세로로 직선을 긋고, 다시 올라오면서 오른쪽으로 살짝 곡선을 그리세요.

2 알파벳 대문자 R과 소문자 r을 짝지어 보세요.

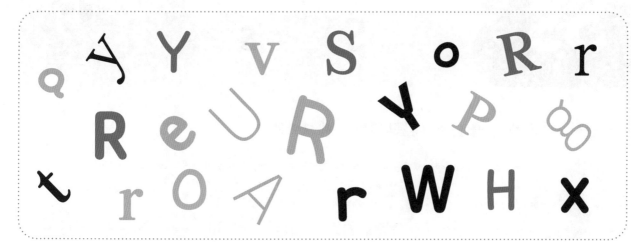

3 대문자에는 대문자 R을, 소문자에는 소문자 r을 예쁘게 써 보세요.

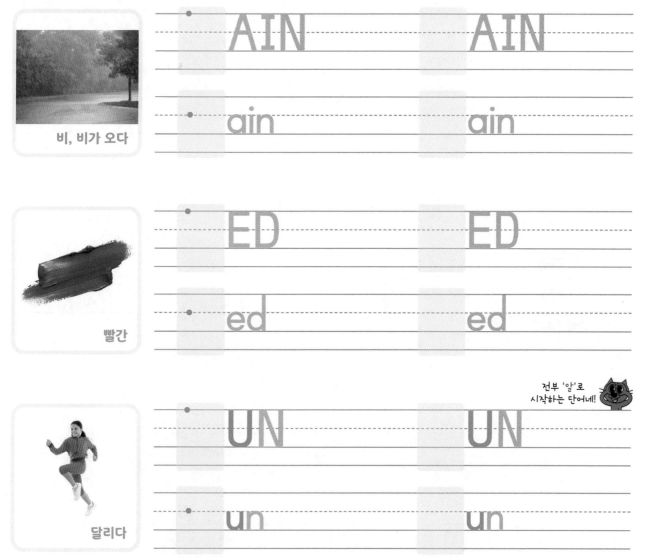

비, 비가 오다

AIN   AIN

ain   ain

빨간

ED   ED

ed   ed

전부 '알'로
시작하는 단어네!

달리다

UN   UN

un   un

대문자	소문자
S	s

에스

1 대문자 S와 소문자 s를 순서에 맞춰 예쁘게 써 보세요.

★ **예쁘게 쓰는 법** 시계 반대 방향으로 숫자 8을 그리듯이 곡선을 그리세요.

★ **예쁘게 쓰는 법** 대문자와 같은 모양이지만, 한 칸 사이즈로 작게 그리세요.

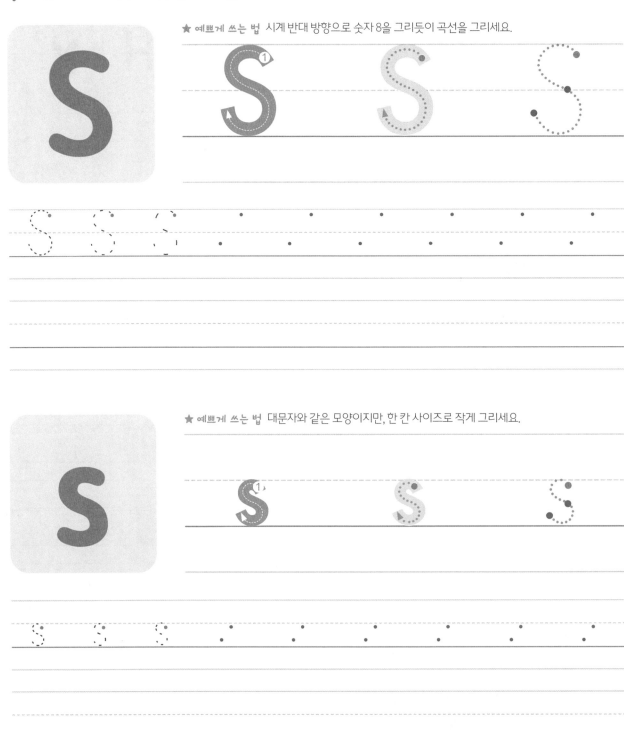

2 알파벳 대문자 S와 소문자 s를 짝지어 보세요.

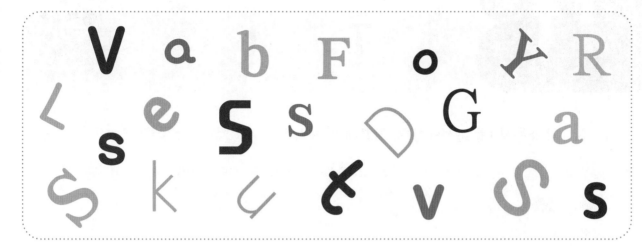

3 대문자에는 대문자 S를, 소문자에는 소문자 s를 예쁘게 써 보세요.

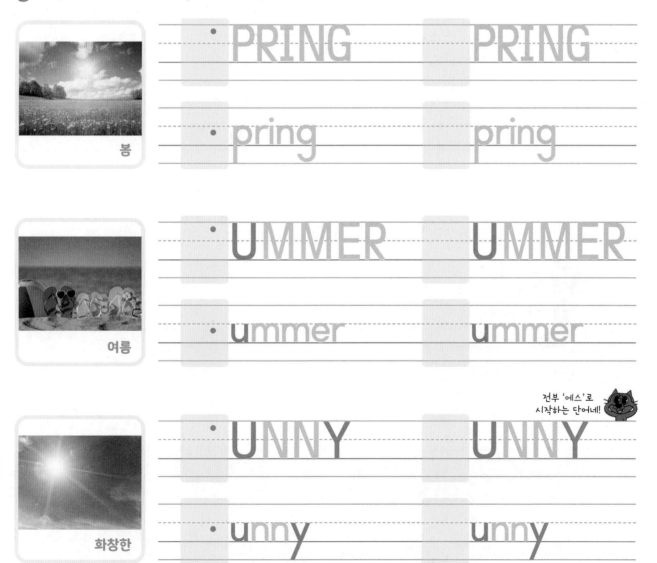

봄

· PRING   PRING

· pring   pring

여름

· UMMER   UMMER

· ummer   ummer

화창한

· UNNY   UNNY

· unny   unny

전부 '에스'로
시작하는 단어네!

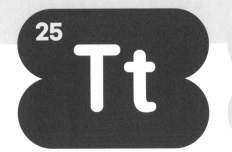

25

대문자

소문자

T

t

정확한 발음은
음원으로 들어 보자!

티

1 대문자 T와 소문자 t를 순서에 맞춰 예쁘게 써 보세요.

★ 예쁘게 쓰는 법 직선으로 세로선과 가로선을 차례로 그리세요.

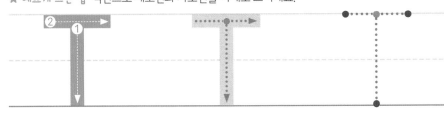

★ 예쁘게 쓰는 법 세로선의 끝은 둥글게, 가로선은 짧게 십자가를 만드세요.

2 알파벳 대문자 T와 소문자 t를 짝지어 보세요.

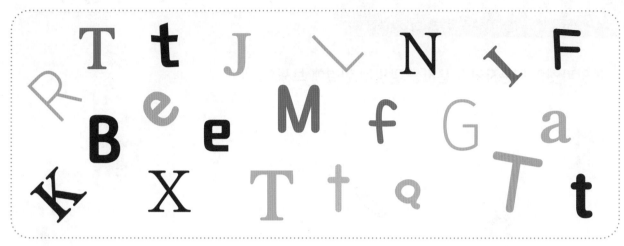

★ t도 t도 모두 소문자 '티'예요.

3 대문자에는 대문자 T를, 소문자에는 소문자 t를 예쁘게 써 보세요.

토마토

OMA   O   OMA   O

oma   o   oma   o

기차

RAIN   RAIN

rain   rain

나무

전부 '티'로
시작하는 단어네!

REE   REE

ree   ree

1 각 알파벳의 대문자와 소문자를 알맞게 연결해 보세요.

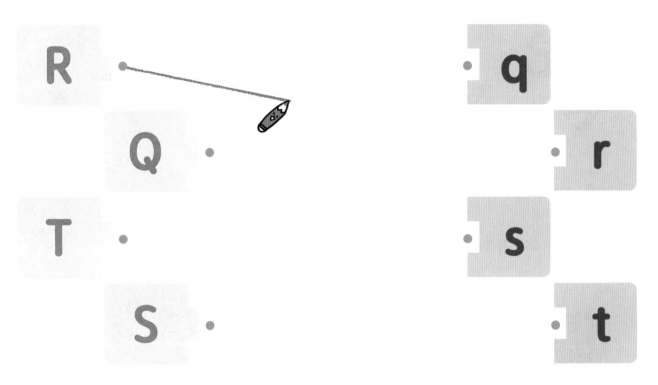

2 알파벳 순서에 맞게 빈칸에 알맞은 대문자와 소문자를 써 보세요.

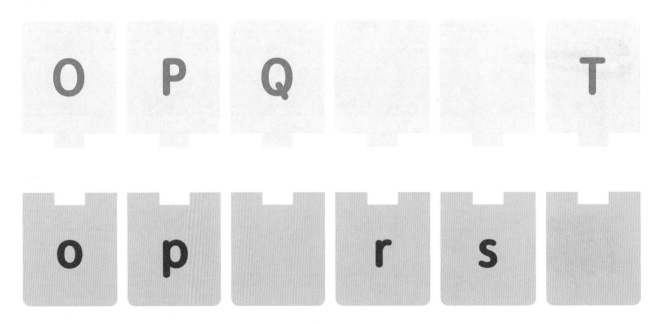

3 빈칸에 알맞은 알파벳을 쓰고 같은 단어끼리 연결해 보세요.

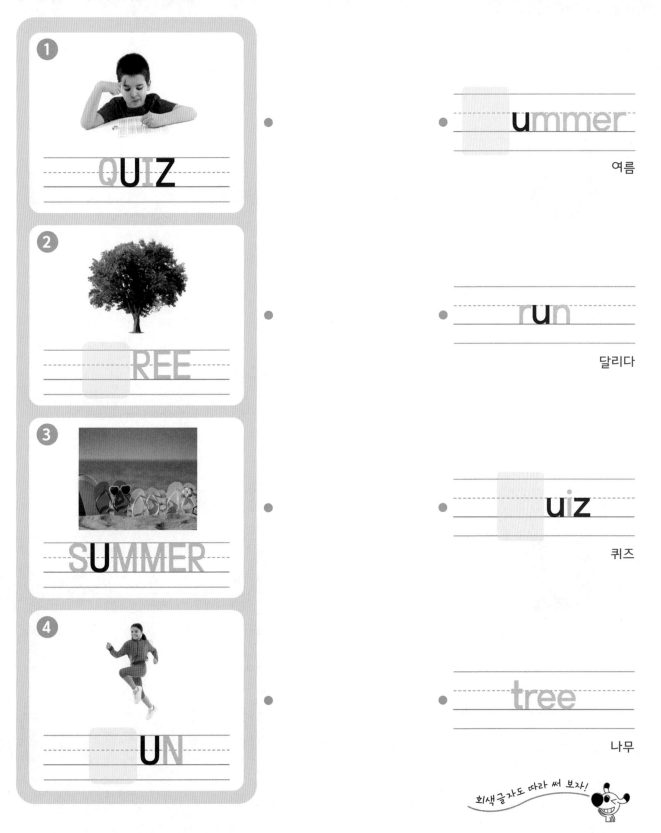

① QUIZ

② REE

③ SUMMER

④ UN

ummer
여름

run
달리다

uiz
퀴즈

tree
나무

회색글자도 따라 써 보자!

대문자

소문자

U

u

정확한 발음은
음원으로 들어 보자!

유

1 대문자 U와 소문자 u를 순서에 맞춰 예쁘게 써 보세요.

★ 예쁘게 쓰는 법 말발굽처럼 둥글게 그리세요.

★ 예쁘게 쓰는 법 아래 칸에 작은 말발굽을 그리고, 직선을 아래로 쭉 그리세요.

2 알파벳 대문자 U와 소문자 u를 짝지어 보세요.

3 대문자에는 대문자 U를, 소문자에는 소문자 u를 예쁘게 써 보세요.

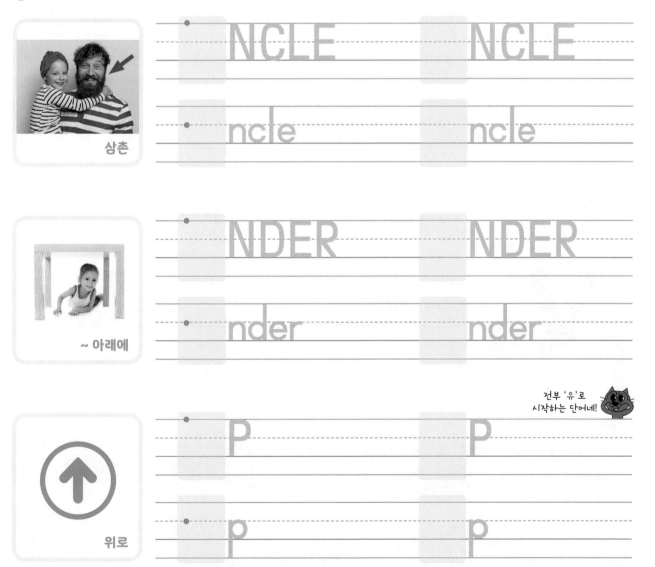

삼촌

NCLE   NCLE

ncle   ncle

~ 아래에

NDER   NDER

nder   nder

전부 '유'로
시작하는 단어네!

위로

P   P

p   p

28

대문자	소문자
V	v

정확한 발음은
음원으로 들어 보자!

뷔

1 대문자 V와 소문자 v를 순서에 맞춰 예쁘게 써 보세요.

★ **예쁘게 쓰는 법** 연필을 떼지 않고 한 번에 뾰족하게 만드세요.

★ **예쁘게 쓰는 법** 대문자와 같은 모양이지만, 한 칸에 들어가게 작게 그리세요.

2 알파벳 대문자 V와 소문자 v를 짝지어 보세요.

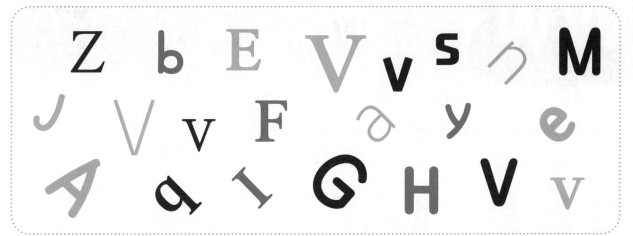

3 대문자에는 대문자 V를, 소문자에는 소문자 v를 예쁘게 써 보세요.

바이올린

IOLIN   IOLIN

iolin   iolin

방문하다

ISIT   ISIT

isit   isit

목소리

전부 '뷔'로
시작하는 단어네!

OICE   OICE

oice   oice

대문자	소문자
W	w

정확한 발음은
음원으로 들어 보자!

더블유

1 대문자 W와 소문자 w를 순서에 맞춰 예쁘게 써 보세요.

★ 예쁘게 쓰는 법 V를 2개 연속해서 이어 그리세요.

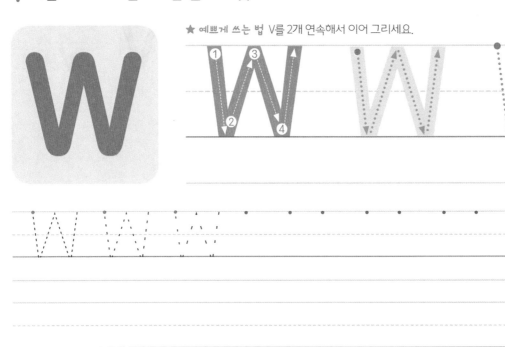

★ 예쁘게 쓰는 법 대문자와 같은 모양이지만 한 칸에 들어가게 작게 그리세요.

2 알파벳 대문자 W와 소문자 w를 짝지어 보세요.

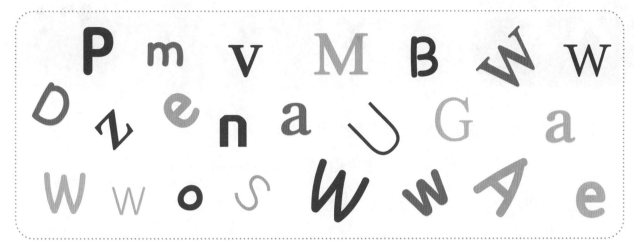

3 대문자에는 대문자 W를, 소문자에는 소문자 w를 예쁘게 써 보세요.

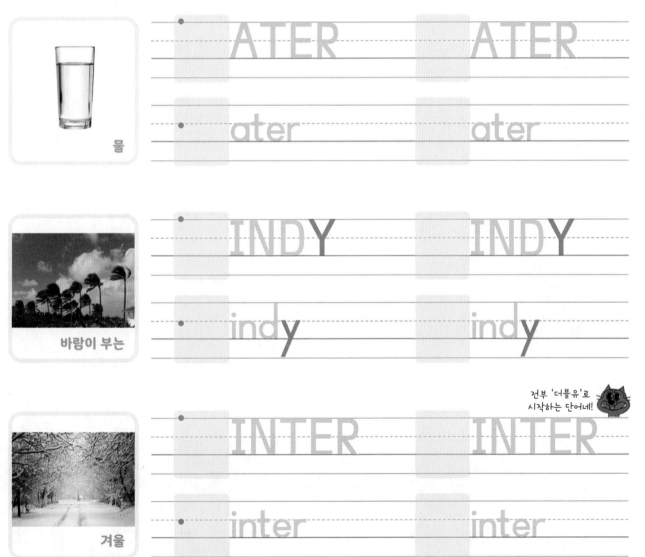

물

ATER ATER

ater ater

바람이 부는

INDY INDY

indy indy

전부 '더블유'로
시작하는 단어네!

겨울

INTER INTER

inter inter

30

대문자
X

소문자
x

정확한 발음은
음원으로 들어 보자!

엑스

1 대문자 X와 소문자 x를 순서에 맞춰 예쁘게 써 보세요.

★ 예쁘게 쓰는 법 왼쪽 사선과 오른쪽 사선이 가운데에서 만나도록 그리세요.

★ 예쁘게 쓰는 법 대문자와 같은 모양이지만, 한 칸에 들어가게 작게 그리세요.

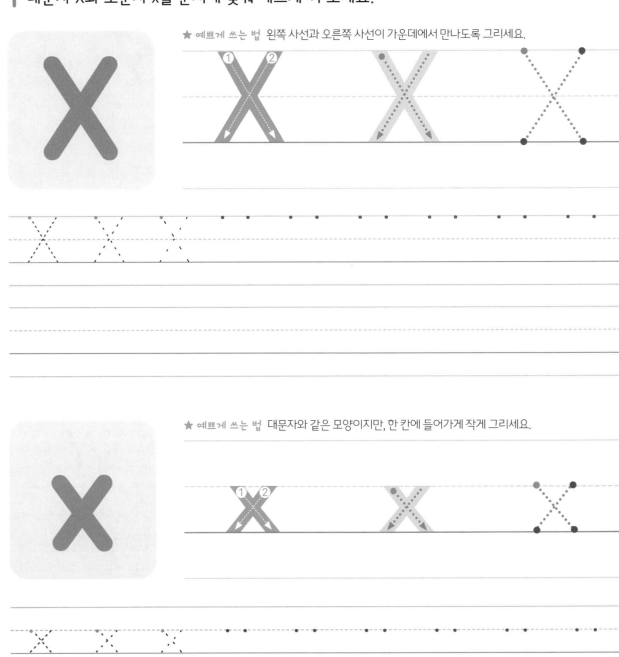

2 알파벳 대문자 X와 소문자 x를 짝지어 보세요.

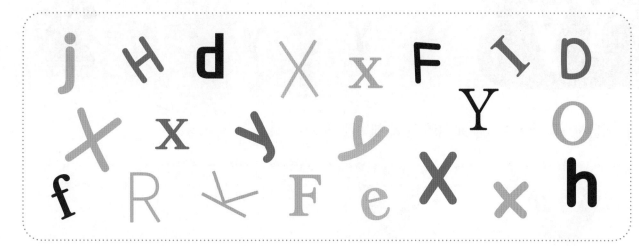

3 대문자에는 대문자 X를, 소문자에는 소문자 x를 예쁘게 써 보세요.

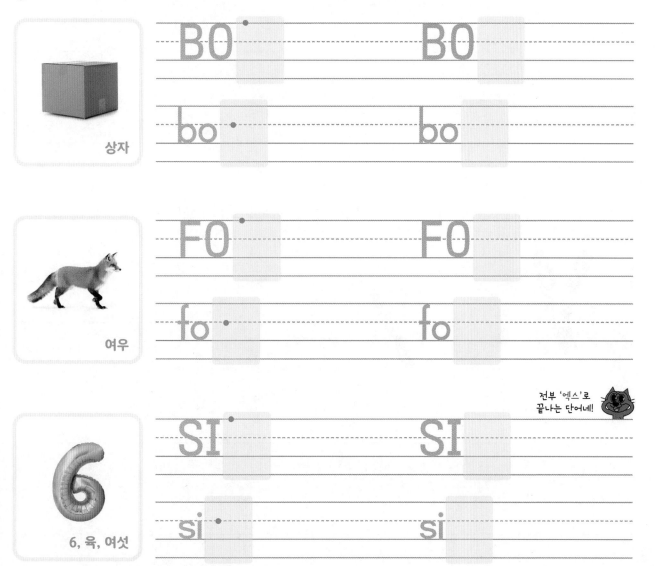

상자

BO·   BO
bo·   bo

여우

FO·   FO
fo·   fo

전부 '엑스'로
끝나는 단어네!

6, 육, 여섯

SI·   SI
si·   si

대문자	소문자
Y	y

정확한 발음은
음원으로 들어 보자!

와이

1 대문자 Y와 소문자 y를 순서에 맞춰 예쁘게 써 보세요.

★ **예쁘게 쓰는 법** 왼쪽, 오른쪽 차례로 사선을 그리고, 아래 칸까지 직선을 그리세요.

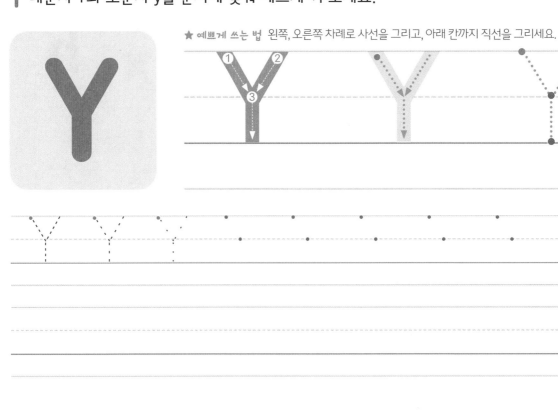

★ **예쁘게 쓰는 법** 아래 칸에 왼쪽 사선을 그리고, 오른쪽 사선은 칸을 넘겨 더 길게 그리세요.

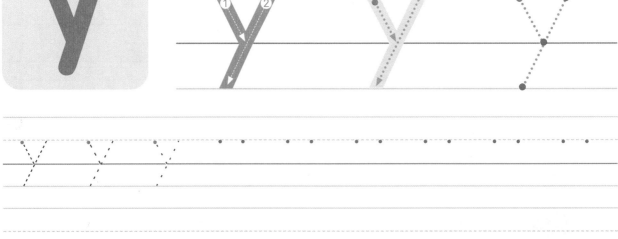

2 알파벳 대문자 Y와 소문자 y를 짝지어 보세요.

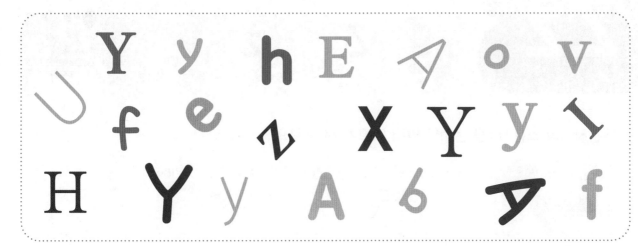

★ Y도 y도 모두 소문자 '와이'예요.

3 대문자에는 대문자 Y를, 소문자에는 소문자 y를 예쁘게 써 보세요.

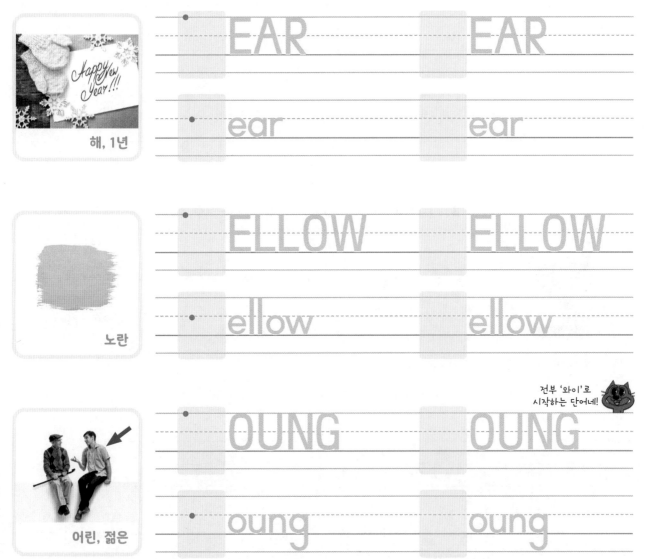

해, 1년

EAR   EAR
ear   ear

노란

ELLOW   ELLOW
ellow   ellow

전부 '와이'로
시작하는 단어네!

어린, 젊은

OUNG   OUNG
oung   oung

대문자	소문자
Z	**z**

정확한 발음은
음원으로 들어 보자!

지

1 대문자 Z와 소문자 z를 순서에 맞춰 예쁘게 써 보세요.

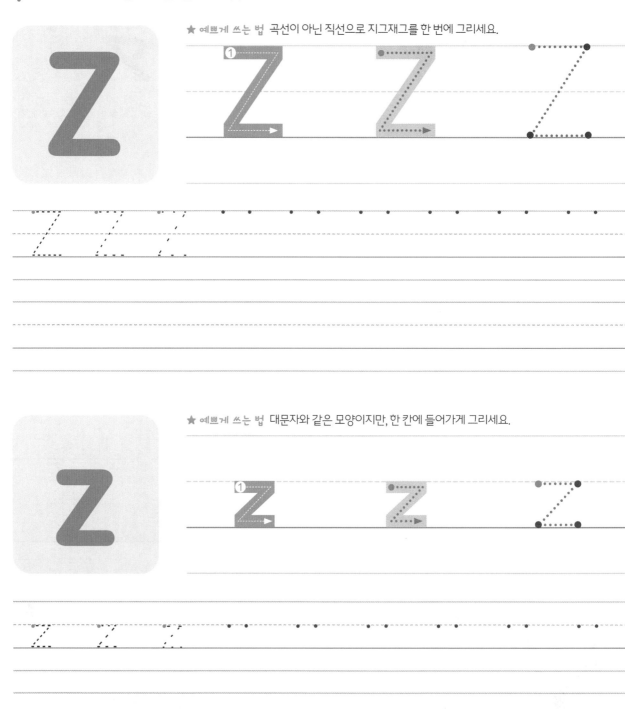

★ 예쁘게 쓰는 법 곡선이 아닌 직선으로 지그재그를 한 번에 그리세요.

★ 예쁘게 쓰는 법 대문자와 같은 모양이지만, 한 칸에 들어가게 그리세요.

2 알파벳 대문자 Z와 소문자 z를 짝지어 보세요.

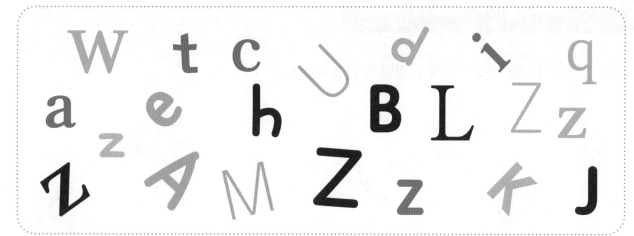

W t c U d i q
a z e h B L Z z
Z A M Z z K J

3 대문자에는 대문자 Z를, 소문자에는 소문자 z를 예쁘게 써 보세요.

얼룩말
EBRA   EBRA
ebra   ebra

0, 영
ERO   ERO
ero   ero

전부 '지'로
시작하는 단어네!

동물원
OO   OO
oo   oo

73

1 각 알파벳의 대문자와 소문자를 알맞게 연결해 보세요.

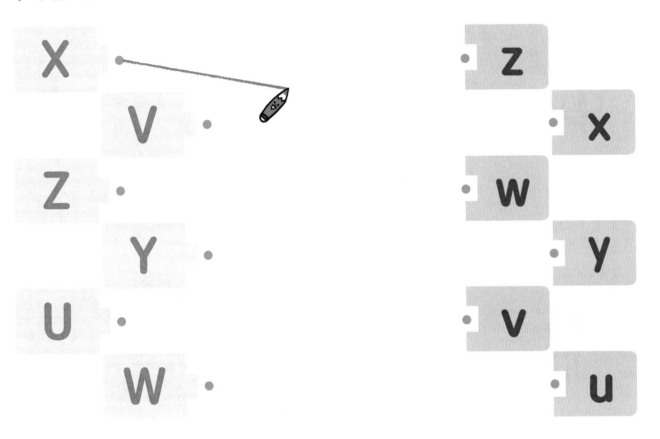

2 알파벳 순서에 맞게 빈칸에 알맞은 대문자와 소문자를 써 보세요.

3 빈칸에 알맞은 알파벳을 쓰고 같은 단어끼리 연결해 보세요.

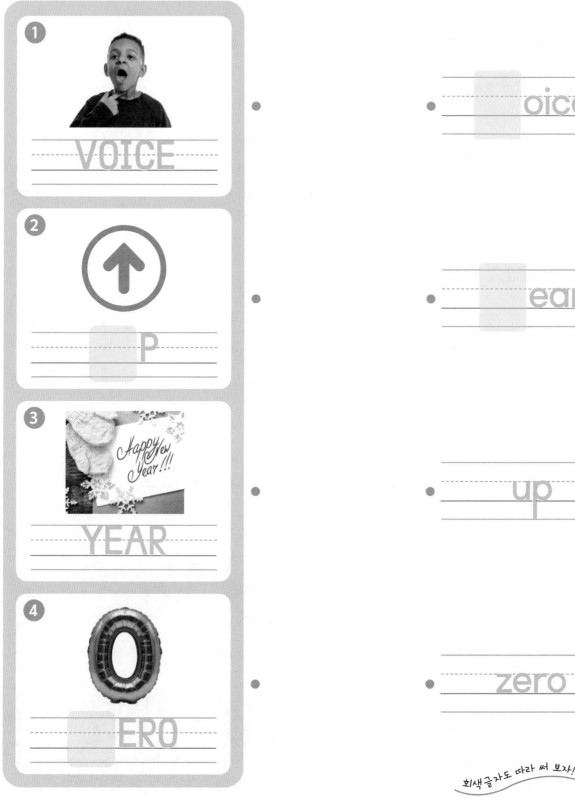

① VOICE

② P

③ YEAR

④ ERO

oice

목소리

ear

해, 1년

up

위로

zero

0, 영

회색글자도 따라 써 보자!

75

ONE MORE

알파벳 멋지게 쓰는 연습

1 곡선을 잘 그려야 하는 알파벳

❶ 곡선을 따라 그려 보세요.

❷ 알파벳을 예쁘게 써 보세요.

m m m n n r r u u

2 사선을 잘 그려야 하는 알파벳

① 사선을 따라 그려 보세요.

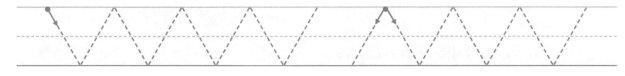

② 알파벳을 예쁘게 써 보세요.

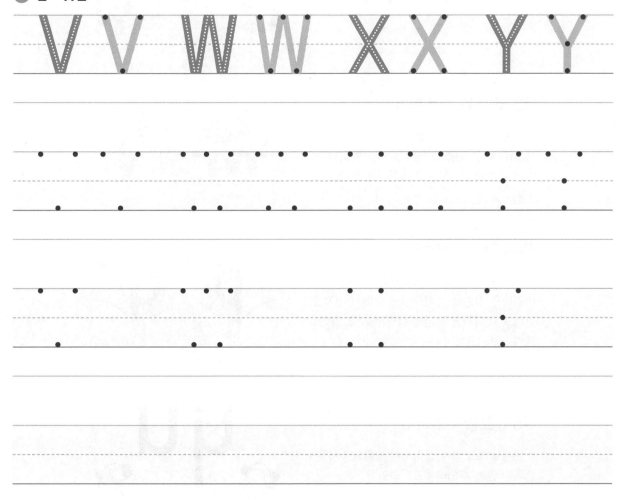

Take a Break
헷갈리는 알파벳만 한 번 더 체크!

#1 b와 d 구분하기

B의 소문자 b는 오른쪽으로 향해 있고,
D의 소문자 d는 왼쪽으로 향해 있어요.
방향이 기억나지 않는다면 양손을 엄지척
해서 알파벳 순서로 구분할 수도 있어요.

#2 C의 방향 주의하기

C의 뚫린 방향을 실수하는 친구들이 있어요.
원을 시계 반대 방향으로 그리는 습관을
들이면 좋아요!

#3 M과 W 구분하기

볼록볼록 2개의 봉우리 모양 때문에 대문
자 M과 W를 헷갈려 하는 경우도 있어요.
W는 승리의 V 2개를 기억하기로 해요!

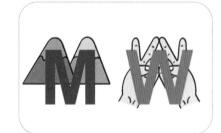

#4 p와 q 구분하기

P의 소문자 p와 Q의 소문자 q를 구분하기
어렵다면 양손을 엄지척한 상태에서 엄지를
아래로 내리기만 하면 알파벳 순서로 알아
챌 수 있어요.

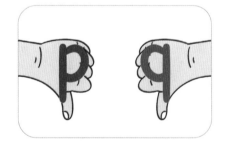

#5 u 모양 주의하기

소문자 u의 꼬리가 길어져서 소문자 y처럼
보이지 않게 주의하세요.

#6 N의 방향 주의하기

N의 방향을 실수하는 친구들이 있어요.
순서를 기억하면 실수를 줄일 수 있어요.
직선을 그린 후, V를 그리는 순서를 꼭
기억하세요.

#7 S의 방향 주의하기

S의 방향을 실수하는 친구들이 있어요.
시계 반대 방향으로 그리기 시작하는 습관을
들이면 실수를 줄일 수 있어요!

#8 대문자 I(아이)와 소문자 l(엘)   모양 주의하기

대문자 I(아이)와 소문자 l(엘)은 비슷하게
생겼어요. 구분하기 어려울 때는 알파벳이
쓰인 단어를 보고 무슨 알파벳이 쓰였는지
알아챌 수 있어요.

#9 f의 칸 위치 주의하기

소문자 f의 크기를 한 칸에 쓰지 않도록
주의하세요. 소문자라고 모두 한 칸에
쓰지 않아요.

#10 i와 j의 칸 위치 주의하기

소문자 i와 j는 대문자 I와 J랑 다른 칸을 쓰
고 있어요. 칸 위치를 주의해요.

바쁜 초등학생을 위한

빠른 알파벳 쓰기 확인 문제

교육부 권장 초등 필수
영단어 78개로 확인하기

여기 나온 빈칸을 채우면

알파벳은 합격!

① 앞장과 뒷장을 통해 정답을 확인한 후 틀린 문제는 ☆표를 쳐 놓으세요.
② ☆표만 다시 풀어 보는 습관을 들이면 최고!

내가 틀린 문제를 스스로 확인하는 습관을 들이면, 아무리 바쁘더라도 공부 실력을 키울 수 있어요!

★ 빈칸에 알맞은 알파벳 소문자를 써 보세요.

A -	B -	C -	D -
E -	F -	G -	H -
I -	J -	K -	L -
M -	N -	O -	P -
Q -	R -	S -	T -
U -	V -	W -	X -
Y -	Z -		

★ 빈칸에 알맞은 알파벳 대문자를 써 보세요.

- a   - b   - c   - d

- e   - f   - g   - h

- i   - j   - k   - l

- m   - n   - o   - p

- q   - r   - s   - t

- u   - v   - w   - x

- y   - z

앞장으로 가서 대문자를 확인해 보세요.

★ 그림을 보고 빈칸에 알맞은 단어를 대문자로 써 보세요.

	대문자	소문자
		ant
		apple
		arm
		ball
		banana
		bear

★ 그림을 보고 빈칸에 알맞은 단어를 소문자로 써 보세요.

	대문자	소문자
	ANT	
	APPLE	
	ARM	
	BALL	
	BANANA	
	BEAR	

앞장으로 가서 소문자를 확인해 보세요.

★ 그림을 보고 빈칸에 알맞은 단어를 대문자로 써 보세요.

	대문자	소문자
		cap
		car
		cat
		desk
		doctor
		dog

뒷장으로 가서 대문자를 확인해 보세요. 85

★ 그림을 보고 빈칸에 알맞은 단어를 소문자로 써 보세요.

대문자	소문자
CAP	
CAR	
CAT	
DESK	
DOCTOR	
DOG	

앞장으로 가서 소문자를 확인해 보세요.

단어연습

★ 그림을 보고 빈칸에 알맞은 단어를 대문자로 써 보세요.

	대문자	소문자
		ear
		egg
		eye
		fall
		father
		fish

★ 그림을 보고 빈칸에 알맞은 단어를 소문자로 써 보세요.

	대문자	소문자
	EAR	
	EGG	
	EYE	
	FALL	
	FATHER	
	FISH	

앞장으로 가서 소문자를 확인해 보세요.

⭐ 그림을 보고 빈칸에 알맞은 단어를 대문자로 써 보세요.

	대문자	소문자
		girl
		grape
		green
		hair
		hand
		happy

뒷장으로 가서 대문자를 확인해 보세요.

89

★ 그림을 보고 빈칸에 알맞은 단어를 소문자로 써 보세요.

	대문자	소문자
	GIRL	
	GRAPE	
	GREEN	
	HAIR	
	HAND	
	HAPPY	

앞장으로 가서 소문자를 확인해 보세요.

단어연습

★ 그림을 보고 빈칸에 알맞은 단어를 대문자로 써 보세요.

	대문자	소문자
		ice
		iguana
		ill
		job
		juice
		jump

★ 그림을 보고 빈칸에 알맞은 단어를 소문자로 써 보세요.

대문자	소문자
ICE	
IGUANA	
ILL	
JOB	
JUICE	
JUMP	

앞장으로 가서 소문자를 확인해 보세요.

단어연습

★ 그림을 보고 빈칸에 알맞은 단어를 대문자로 써 보세요.

	대문자	소문자
		key
		kind
		king
		leaf
		lion
		love

★ 그림을 보고 빈칸에 알맞은 단어를 소문자로 써 보세요.

	대문자	소문자
	KEY	
	KIND	
	KING	
	LEAF	
	LION	
	LOVE	

앞장으로 가서 소문자를 확인해 보세요.

★ 그림을 보고 빈칸에 알맞은 단어를 대문자로 써 보세요.

	대문자	소문자
		milk
		mother
		music
		name
		new
		number

★ 그림을 보고 빈칸에 알맞은 단어를 소문자로 써 보세요.

	대문자	소문자
	MILK	
	MOTHER	
	MUSIC	
	NAME	
	NEW	
	NUMBER	

앞장으로 가서 소문자를 확인해 보세요.

★ 그림을 보고 빈칸에 알맞은 단어를 대문자로 써 보세요.

	대문자	소문자
		old
		open
		orange
		paper
		pet
		pig

★ 그림을 보고 빈칸에 알맞은 단어를 소문자로 써 보세요.

	대문자	소문자
	OLD	
	OPEN	
	ORANGE	
	PAPER	
	PET	
	PIG	

앞장으로 가서 소문자를 확인해 보세요.

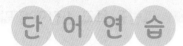
단 어 연 습

★ 그림을 보고 빈칸에 알맞은 단어를 대문자로 써 보세요.

	대문자	소문자
		queen
		quiet
		quiz
		rain
		red
		run

뒷장으로 가서 대문자를 확인해 보세요.

★ 그림을 보고 빈칸에 알맞은 단어를 소문자로 써 보세요.

대문자	소문자
QUEEN	
QUIET	
QUIZ	
RAIN	
RED	
RUN	

앞장으로 가서 소문자를 확인해 보세요.

단 어 연 습

★ 그림을 보고 빈칸에 알맞은 단어를 대문자로 써 보세요.

대문자	소문자
	spring
	summer
	sunny
	tomato
	train
	tree

★ 그림을 보고 빈칸에 알맞은 단어를 소문자로 써 보세요.

	대문자	소문자
	SPRING	
	SUMMER	
	SUNNY	
	TOMATO	
	TRAIN	
	TREE	

앞장으로 가서 소문자를 확인해 보세요.

★ 그림을 보고 빈칸에 알맞은 단어를 대문자로 써 보세요.

대문자	소문자
	uncle
	under
	up
	violin
	visit
	voice

★ 그림을 보고 빈칸에 알맞은 단어를 소문자로 써 보세요.

대문자	소문자
UNCLE	
UNDER	
UP	
VIOLIN	
VISIT	
VOICE	

앞장으로 가서 소문자를 확인해 보세요.

★ 그림을 보고 빈칸에 알맞은 단어를 대문자로 써 보세요.

	대문자	소문자
		water
		windy
		winter
		box
		fox
		six

뒷장으로 가서 대문자를 확인해 보세요. 🔑 105

★ 그림을 보고 빈칸에 알맞은 단어를 소문자로 써 보세요.

	대문자	소문자
	WATER	
	WINDY	
	WINTER	
	BOX	
	FOX	
	SIX	

앞장으로 가서 소문자를 확인해 보세요.

14 Yy | Zz

단어연습

★ 그림을 보고 빈칸에 알맞은 단어를 대문자로 써 보세요.

대문자	소문자
	year
	yellow
	young
	zebra
	zero
	zoo

★ 그림을 보고 빈칸에 알맞은 단어를 소문자로 써 보세요.

	대문자	소문자
	YEAR	
	YELLOW	
	YOUNG	
	ZEBRA	
	ZERO	
	ZOO	

앞장으로 가서 소문자를 확인해 보세요.

바쁜

초등학생을 위한

빠른 알파벳 쓰기

정 답

01 A/a 11쪽

2 알파벳 대문자 A와 소문자 a를 짝지어 보세요.

★ a도 a도 모두 소문자 '에이'예요.

3 대문자에는 대문자 A를, 소문자에는 소문자 a를 예쁘게 써 보세요.

개미   A NT   A NT

a nt   a nt

사과   A PPLE   A PPLE

a pple   a pple

팔   A RM   A RM

a rm   a rm

11

02 B/b 13쪽

2 알파벳 대문자 B와 소문자 b를 짝지어 보세요.

3 대문자에는 대문자 B를, 소문자에는 소문자 b를 예쁘게 써 보세요.

공   B ALL   B ALL

b all   b all

★ 앞에서 배운 A와 a도 써 보아요!

바나나   B ANANA   B ANANA

b anana   b anana

곰   B EAR   B EAR

b ear   b ear

13

03 C/c 15쪽

2 알파벳 대문자 C와 소문자 c를 짝지어 보세요.

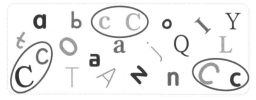

3 대문자에는 대문자 C를, 소문자에는 소문자 c를 예쁘게 써 보세요.

오자   C AP   C AP

c ap   c ap

자동차   C AR   C AR

c ar   c ar

고양이   C AT   C AT

c at   c at

15

04 D/d 17쪽

2 알파벳 대문자 D와 소문자 d를 짝지어 보세요.

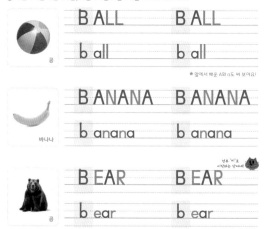

3 대문자에는 대문자 D를, 소문자에는 소문자 d를 예쁘게 써 보세요.

책상   D ESK   D ESK

d esk   d esk

의사   D OCTOR   D OCTOR

d octor   d octor

개   D OG   D OG

d og   d og

17

05 REVIEW

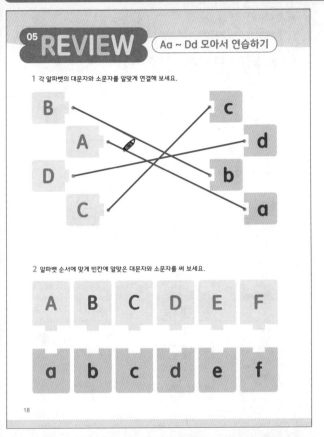

05 REVIEW (Aa ~ Dd 모아서 연습하기)

1 각 알파벳의 대문자와 소문자를 알맞게 연결해 보세요.

B — b
A — c
D — a
C — d

2 알파벳 순서에 맞게 빈칸에 알맞은 대문자와 소문자를 써 보세요.

A	B	C	D	E	F
a	b	c	d	e	f

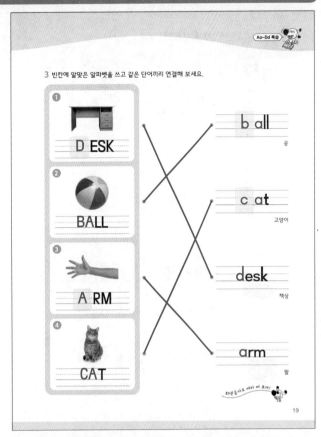

3 빈칸에 알맞은 알파벳을 쓰고 같은 단어끼리 연결해 보세요.

① D ESK
② BALL
③ A RM
④ CAT

b all 공
c at 고양이
desk 책상
arm 팔

---

06 E/e

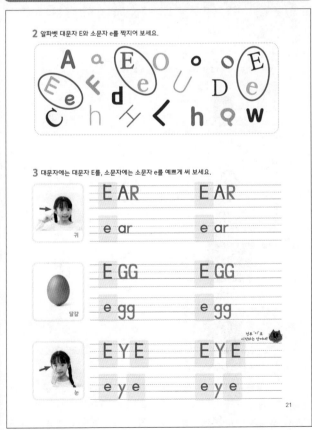

2 알파벳 대문자 E와 소문자 e를 짝지어 보세요.

3 대문자에는 대문자 E를, 소문자에는 소문자 e를 예쁘게 써 보세요.

E AR   E AR
e ar   e ar
귀

E GG   E GG
e gg   e gg
달걀

E YE   E YE
e y e   e y e
눈

21

---

07 F/f

2 알파벳 대문자 F와 소문자 f를 짝지어 보세요.

3 대문자에는 대문자 F를, 소문자에는 소문자 f를 예쁘게 써 보세요.

F ALL   F ALL
f all   f all
가을

F ATHER   F ATHER
f ather   f ather
아버지

F ISH   F ISH
f ish   f ish
물고기

23

08 G/g 　　　　25쪽

2 알파벳 대문자 G와 소문자 g를 짝지어 보세요.

＊G도 G도 모두 대문자 '쥐'고, g도 g도 모두 소문자 '쥐'예요.

3 대문자에는 대문자 G를, 소문자에는 소문자 g를 예쁘게 써 보세요.

G IRL 　 G IRL

g irl 　 g irl

소녀

G RAPE 　 G RAPE

g rape 　 g rape

포도

G REEN 　 G REEN

g reen 　 g reen

초록

25

09 H/h 　　　　27쪽

2 알파벳 대문자 H와 소문자 h를 짝지어 보세요.

3 대문자에는 대문자 H를, 소문자에는 소문자 h를 예쁘게 써 보세요.

H AIR 　 H AIR

h air 　 h air

머리카락

H AND 　 H AND

h and 　 h and

손

H APPY 　 H APPY

h appy 　 h appy

행복한

27

10 REVIEW 　　　　28~29쪽

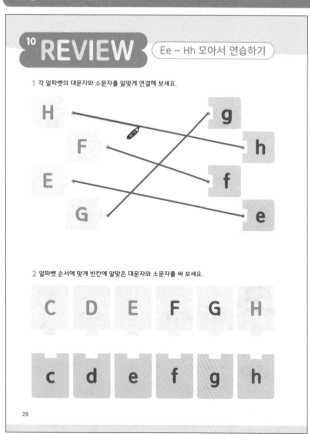

10 REVIEW　Ee ~ Hh 모아서 연습하기

1 각 알파벳의 대문자와 소문자를 알맞게 연결해 보세요.

H　　　g
F　　　h
E　　　f
G　　　e

2 알파벳 순서에 맞게 빈칸에 알맞은 대문자와 소문자를 써 보세요.

C D E F G H

c d e f g h

28

3 빈칸에 알맞은 알파벳을 쓰고 같은 단어끼리 연결해 보세요.

① EAR

② G IRL

③ FALL

④ H APPY

f all 　 가을

e ar 　 귀

girl 　 소녀

happy 　 행복한

29

112

11 I/i　　31쪽

2 알파벳 대문자 I와 소문자 i를 짝지어 보세요.

※ I도 i도 모두 대문자 '아이'예요.

3 대문자에는 대문자 I를, 소문자에는 소문자 i를 예쁘게 써 보세요.

얼음	I CE　i ce	I CE　i ce
이구아나	I GUANA　i guana	I GUANA　i guana
아픈	I LL　i ll	I LL　i ll

본문 '아이'로 시작하는 단어네!

31

12 J/j　　33쪽

2 알파벳 대문자 J와 소문자 j를 짝지어 보세요.

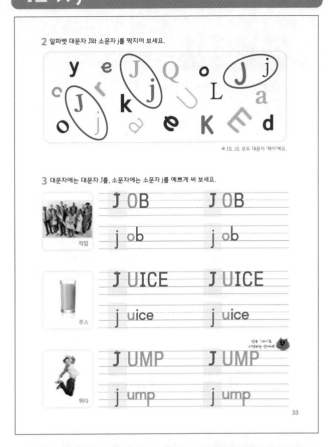

※ J도 j도 모두 대문자 '제이'예요.

3 대문자에는 대문자 J를, 소문자에는 소문자 j를 예쁘게 써 보세요.

직업	J OB　j ob	J OB　j ob
주스	J UICE　j uice	J UICE　j uice
뛰다	J UMP　j ump	J UMP　j ump

본문 '제이'로 시작하는 단어네!

33

13 K/k　　35쪽

2 알파벳 대문자 K와 소문자 k를 짝지어 보세요.

3 대문자에는 대문자 K를, 소문자에는 소문자 k를 예쁘게 써 보세요.

열쇠	K EY　k ey	K EY　k ey
착한, 친절한	K IND　k ind	K IND　k ind
왕	K ING　k ing	K ING　k ing

본문 '케이'로 시작하는 단어네!

35

14 L/l　　37쪽

2 알파벳 대문자 L과 소문자 l를 짝지어 보세요.

3 대문자에는 대문자 L을, 소문자에는 소문자 l을 예쁘게 써 보세요.

잎	L EAF　l eaf	L EAF　l eaf
사자	L ION　l ion	L ION　l ion
사랑	L OVE　l ove	L OVE　l ove

본문 '엘'로 시작하는 단어네!

37

15 REVIEW Ii ~ Ll 모아서 연습하기

1 각 알파벳의 대문자와 소문자를 알맞게 연결해 보세요.

K	—	k
I	✕	j
J		i
L	—	l

2 알파벳 순서에 맞게 빈칸에 알맞은 대문자와 소문자를 써 보세요.

G H I J K L

g h i j k l

3 빈칸에 알맞은 알파벳을 쓰고 같은 단어끼리 연결해 보세요.

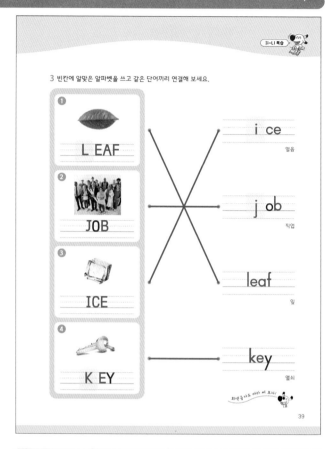

① L EAF

② JOB

③ ICE

④ K EY

i ce 얼음

j ob 직업

leaf 잎

key 열쇠

---

2 알파벳 대문자 M과 소문자 m을 짝지어 보세요.

I s x Y v A c
M m t z m P M m
j O M w h B

3 대문자에는 대문자 M을, 소문자에는 소문자 m을 예쁘게 써 보세요.

M ILK   M ILK
m ilk   m ilk
우유

M OTHER   M OTHER
m other   m other
어머니

M USIC   M USIC
m usic   m usic
음악

---

2 알파벳 대문자 N과 소문자 n을 짝지어 보세요.

b d m V o Q S H
f e x N n Q
N n A 9 h a n

3 대문자에는 대문자 N을, 소문자에는 소문자 n을 예쁘게 써 보세요.

N AME   N AME
n ame   n ame
이름

N EW   N EW
n ew   n ew
새, 새로운

N UMBER   N UMBER
n umber   n umber
숫자

19 O/o — 47쪽

20 P/p — 49쪽

21 REVIEW — 50~51쪽

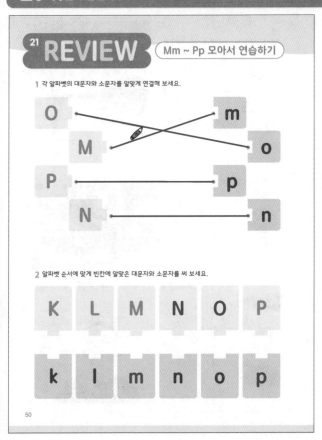

22 Q/q 　　　　53쪽

2 알파벳 대문자 Q와 소문자 q를 짝지어 보세요.

3 대문자에는 대문자 Q를, 소문자에는 소문자 q를 예쁘게 써 보세요.

여왕	QUEEN queen	QUEEN queen
조용한	QUIET quiet	QUIET quiet
퀴즈	QUIZ quiz	QUIZ quiz

53

23 R/r 　　　　55쪽

2 알파벳 대문자 R과 소문자 r을 짝지어 보세요.

3 대문자에는 대문자 R을, 소문자에는 소문자 r을 예쁘게 써 보세요.

비, 비가 오다	RAIN rain	RAIN rain
빨간	RED red	RED red
달리다	RUN run	RUN run

55

24 S/s 　　　　57쪽

2 알파벳 대문자 S와 소문자 s를 짝지어 보세요.

3 대문자에는 대문자 S를, 소문자에는 소문자 s를 예쁘게 써 보세요.

봄	SPRING spring	SPRING spring
여름	SUMMER summer	SUMMER summer
화창한	SUNNY sunny	SUNNY sunny

57

25 T/t 　　　　59쪽

2 알파벳 대문자 T와 소문자 t를 짝지어 보세요.

※ t도 t도 모두 소문자 '티'예요.

3 대문자에는 대문자 T를, 소문자에는 소문자 t를 예쁘게 써 보세요.

토마토	TOMATO tomato	TOMATO tomato
기차	TRAIN train	TRAIN train
나무	TREE tree	TREE tree

59

26 REVIEW

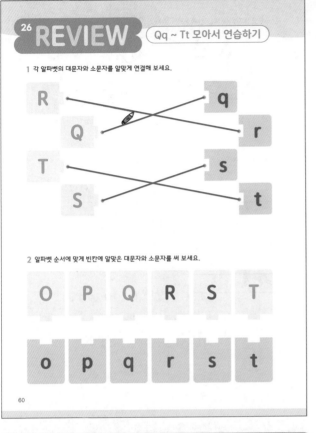

26 REVIEW Qq ~ Tt 모아서 연습하기

1 각 알파벳의 대문자와 소문자를 알맞게 연결해 보세요.

R   q
Q   r
T   s
S   t

2 알파벳 순서에 맞게 빈칸에 알맞은 대문자와 소문자를 써 보세요.

O P Q R S T

o p q r s t

Qq~Tt 복습

3 빈칸에 알맞은 알파벳을 쓰고 같은 단어끼리 연결해 보세요.

① QUIZ
② T REE
③ SUMMER
④ R UN

s ummer
여름

run
달리다

q uiz
퀴즈

tree
나무

27 U/u

2 알파벳 대문자 U와 소문자 u를 짝지어 보세요.

3 대문자에는 대문자 U를, 소문자에는 소문자 u를 예쁘게 써 보세요.

U NCLE   U NCLE
u ncle   u ncle

U NDER   U NDER
u nder   u nder

U P   U P
u p   u p

63

28 V/v

2 알파벳 대문자 V와 소문자 v를 짝지어 보세요.

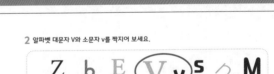

3 대문자에는 대문자 V를, 소문자에는 소문자 v를 예쁘게 써 보세요.

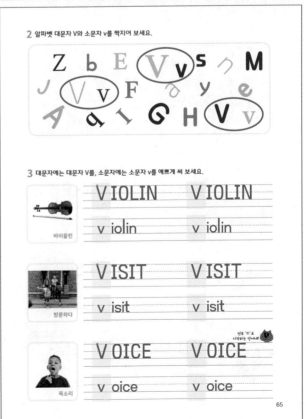

V IOLIN   V IOLIN
v iolin   v iolin

V ISIT   V ISIT
v isit   v isit

V OICE   V OICE
v oice   v oice

65

정답

29 W/w
67쪽

2 알파벳 대문자 W와 소문자 w를 짝지어 보세요.

3 대문자에는 대문자 W를, 소문자에는 소문자 w를 예쁘게 써 보세요.

WATER WATER

w ater w ater

물

WINDY WINDY

w indy w indy

바람이 부는

WINTER WINTER

w inter w inter

겨울

67

30 X/x
69쪽

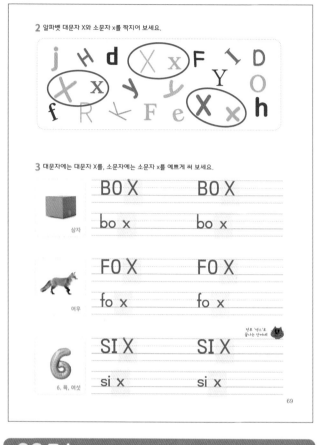

2 알파벳 대문자 X와 소문자 x를 짝지어 보세요.

3 대문자에는 대문자 X를, 소문자에는 소문자 x를 예쁘게 써 보세요.

BO X BO X

bo x bo x

상자

FO X FO X

fo x fo x

여우

SI X SI X

si x si x

6, 육, 여섯

69

31 Y/y
71쪽

2 알파벳 대문자 Y와 소문자 y를 짝지어 보세요.

★ Y도 y도 모두 소문자 '와이'예요.

3 대문자에는 대문자 Y를, 소문자에는 소문자 y를 예쁘게 써 보세요.

Y EAR Y EAR

y ear y ear

해, 1년

Y ELLOW Y ELLOW

y ellow y ellow

노란

Y OUNG Y OUNG

y oung y oung

어린, 젊은

71

32 Z/z
73쪽

2 알파벳 대문자 Z와 소문자 z를 짝지어 보세요.

3 대문자에는 대문자 Z를, 소문자에는 소문자 z를 예쁘게 써 보세요.

Z EBRA Z EBRA

z ebra z ebra

얼룩말

Z ERO Z ERO

z ero z ero

0, 영

Z OO Z OO

z oo z oo

동물원

73

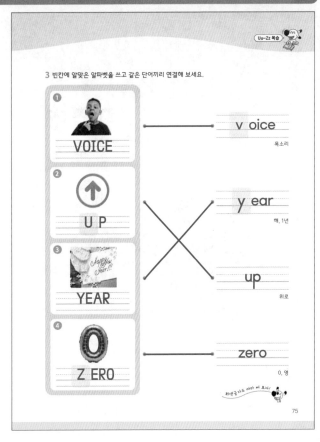

이 책을 끝내고 보면 좋은 교재

교과서 속담으로 표현력 향상! 손 글씨는 예쁘게!

바빠 초등 속담+따라쓰기

바빠 초등 속담 + 따라 쓰기 | 12,000원

영재 교육학 박사가 만든 속담 책!

교과서 속담으로
표현력 향상!
손 글씨는 예쁘게!

굼벵이!

특별 부록 속담 초성 퀴즈 카드 50장

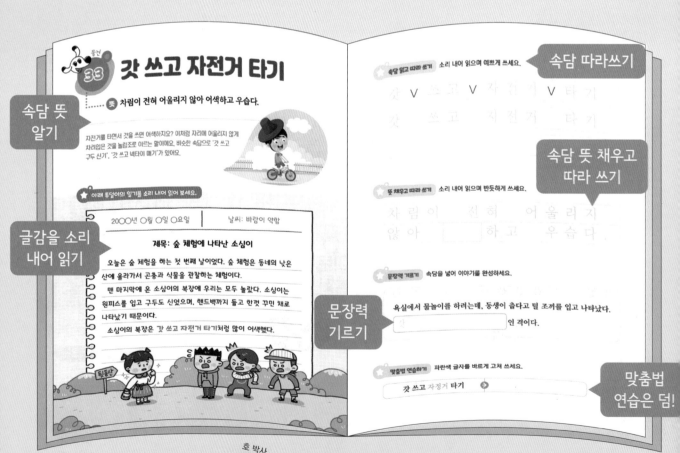

33 갓 쓰고 자전거 타기

속담 뜻 알기

글감을 소리 내어 읽기

속담 따라쓰기

속담 뜻 채우고 따라 쓰기

문장력 기르기

맞춤법 연습은 덤!

호 박사

바빠 초등 사자성어 + 따라 쓰기도 있어요!